手 Hands から始まる物語
[第6回]

メルボルン、24歳、グラフィティーアーティスト

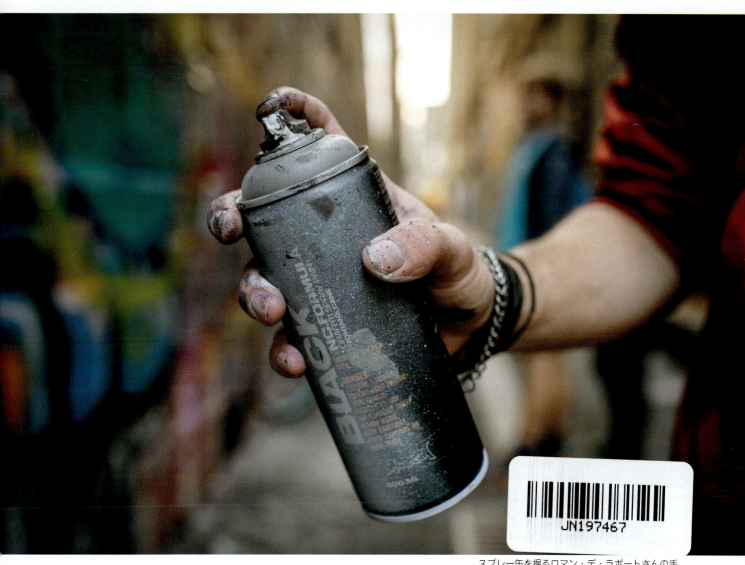

スプレー缶を握るロマン・デ・ラポートさんの手。

自分の才能を信じ、壁と向き合う24歳の青年と出会った。メルボルンの街で繰り広げられる、アートとアートの真剣勝負に正面から立ち向かっていくその手は何を物語ってくれるのだろうか。

photo & text
関 健作
KENSAKU SEKI

［上］メルボルン、ユニオン・レーンという名の狭い路地でグラフィティーを描くロマンさん。
［下］メルボルンの街並みに突如現れるストリートアート。

● せき・けんさく　1983年、千葉県に生まれる。2006年、順天堂大学・スポーツ健康科学部を卒業。2007年から3年間体育教師としてブータンの小中学校で教鞭をとる。2010年、帰国して小学校の教員になるがすぐに退職。現在フリーランスフォトグラファー。
［受賞］2017年　第13回「名取洋之助写真賞」受賞／2017年　APAアワード2017　写真作品部門　文部科学大臣賞受賞
［著書］『ブータンの笑顔　新米教師が、ブータンの子どもたちと過ごした3年間』（径書房）2013
［写真集］『OF HOPE AND FEAR』（Reminders Photography Stronghold）2018／『名取洋之助写真賞　受賞作品　写真集』（日本写真家協会）2017／『祭りのとき、祈りのとき』（私家版）2016

　オーストラリア、メルボルン。ユニオン・レーンという名の狭い路地はストリートアートで溢れ、インクの匂いが充満していた。路地の目立つ位置で、複数のスプレー缶を巧みに操り、大きな女性の顔を淡々と描く一人の男。彼の手や爪には細かいドット模様の汚れが付着していた。Jack_lackというアーティスト名で活動するドイツ出身のロマン・デ・ラポートさん。なぜ彼はグラフィティー（落書き）を描くのか。24歳の若きアーティストを取材した。

　路上での落書き行為は、オーストラリアでは非合法で、場合によっては警察に捕まる。しかし、ここメルボルンは例外で、ストリートアートが観光の目玉の一つになるくらい有名だ。ハイレベルなグラフィティー作品を路上で数多く見ることができる。街の中には、お咎めなしのグラフィティーフリーな路地がいくつかあり、多くの市民や観光客が足をとめ、アーティストを見守っていた。投げ銭をする人も多い。メルボルンはアートへの理解が深く、多くのアーティストが集まる場として知られている。

　ロマン・デ・ラポートさんもメルボルンのストリー

1つの絵を4〜5時間かけて描く。描き終えたあと、急に尿意を催したり、お腹が減ったりするという。それだけ集中力が必要なのだろう。

トアートに憧れ、やってきた一人だ。壁に落書きをはじめたのが15歳のとき。21歳からはスプレーを購入し、本格的にストリートアートをはじめた。描いて、他人のアートを見て技を盗み、また描いた。やればやるほど、難しさと、上には上があることを知った。ストリートアートを極めるためにオーストラリアで暮らしたい。そう思ったロマンさんは、奨学金制度を見つけ、メルボルンにあるオーストラリアンカソリック大学へ入学した。普段は心理学を学びながら、メルボルン内にあるストリートアートを研究して回る。

そして週に2度、市内の壁と対峙するのだ。グラフィティーアーティストにとって一番必要な道具は、絵の具であるスプレー缶と筆に当たるノズルだ。スプレー缶はクオリティにもよるが日本円で1本700〜1400円ほどする。だいたい一度に描く畳2枚くらいの絵で3〜4缶を使い切ってしまうらしい。この活動を続けていくためにはお金がかかる。観客からの投げ銭と、時々もらうことができるアートの仕事のギャラでうまく捻出しているという。

ぼくがとても興味深く感じたのは、ストリートアートには「壁の戦い」とも言える、暗黙のルールがあるということだった。有名な壁は、だいたい1〜2週間でほとんどの作品が上書きされてしまうという。「自分のほうが技術も表現力も上だ！」と思えたら遠慮なく書き換えることができる。自分の絵を上書きされるのは気分のいいものではないが、その度、誰にも書き換えられない絵をまた描いてやろうと闘志が湧いてくるらしい。

「僕たちは犬みたいなものだ」とロマンさんは話してくれた。犬は歩き回り、いろいろな場所でマーキングをする。グラフィティーアーティストも自分の存在を主張し、才能をアピールするために描くのだと言う。いつかは世界中の壁にグラフィティーを描きたいという夢も語ってくれた。

メルボルンでは今日もまた、アーティストたちによる「壁の戦い」が繰り広げられているのだろう。

ライバルは自分と話す大野が来年、日本武道館でどんな活躍をするのか注目されている。

求道者の素顔

　大野将平は畳の上では笑わない。先日の世界柔道で2015年以来の優勝が決まった瞬間でさえも、喜ぶどころか眉毛ひとつ動かすこともなく、ただ一息「ふー」と短く息をつくだけだった。

　「優勝すると思っていたので驚きはない」と語る自信は、自らの柔道を突き詰めることで育まれた。リオ後、大学院で自ら必殺技と呼ぶ大外刈りの研究を重ね、自分で稽古のメニューも考えた。その成果は4年ぶりの世界選手権で井上康生監督に「計り知れない」と言わしめるほどの強さとなった。

　彼をそこまで駆り立てるのは、柔道家としての柔の道なのだと思う。周囲の「勝って当たり前」という空気感。それを覆すためにひたすら自分と向き合い、ライバルは自分と言い聞かせた。その姿は求道者とも呼べるものだ。東京で迎える五輪は選手として2回目の集大成になる。

　金メダルを取った世界選手権の表彰式での一コマ。記念撮影の途中で、無表情の大野に、決勝でしのぎを削ったルスタム・オルジョフが不意に肩に手を回した。すると、はにかんだような笑顔を見せてくれた。求道者から青年に戻った瞬間に、この日一番のシャッター音が鳴り響いた。

[写真・文] 髙須　力　たかす・つとむ
東京都出身。2002年より独学でスポーツ写真を始め、フリーランスとなる。サッカーを中心に様々な競技を撮影。ライフワークとしてセパタクローを追いかけている。日本スポーツプレス協会、国際スポーツプレス協会会員。http://takasutsutomu.com/

学校教育・
実践ライブラリ

Vol. **6**

先進事例にみるこれからの授業づくり

「見方・考え方」を踏まえた単元・指導案

学校教育・実践ライブラリ　Vol.6

連載

創る―create

46　田村学の新課程往来⑥ ———————————————————————— 田村　学
　　対話のある授業と子供

48　続・校長室のカリキュラム・マネジメント⑥ ——————————— 末松裕基
　　異質な若手にどう関わるか

50　ここがポイント！　学校現場の人材育成⑥ ——————————— 高野敬三
　　学校現場におけるOJTによる人材育成〈その3〉

70　講座　単元を創る⑥ ———————————————————————————— 齊藤一弥
　　教科目標を実現する単元

72　連続講座・新しい評価がわかる12章⑥ ————————————— 佐藤　真
　　評価観点「主体的に学習に取り組む態度」（その1）

74　学びを起こす授業研究⑥ ——————————————————————— 村川雅弘
　　学校を挙げての不断の授業改革による子どもの変容

84　進行中！　子どもと創る新課程⑥ —————————————————— 鈴木美佐緒
　　子供と共に創る学習環境づくりにチャレンジ！
　　　──教室を学びあふれる空間にするために

つながる―connect

52　子どもの心に響く　校長講話⑥ —————————————————————— 手島宏樹
　　紅葉

78　カウンセリング感覚で高める教師力⑥ ——————————————— 有村久春
　　子供の〈適応〉に学ぶ

81　ユーモア詩でつづる学級歳時記⑥ ————————————————— 増田修治
　　「水風船」

82　UD思考で支援の扉を開く　私の支援者手帳から⑥ ————————— 小栗正幸
　　指導論にまつわる煩悩（2）
　　　──毅然とした指導

86　学び手を育てる対話力⑥ ——————————————————————— 石井順治
　　授業を対話的学びに転換する

知る―knowledge

40　解決！　ライブラちゃんの　これって常識？　学校のあれこれ⑥ ——— 編集部
　　会社ではないのにどうして学校「経営」と言うの？［前編］［千葉大学特任教授　天笠　茂］

42　本の森・知恵の泉⑥ ————————————————————————————— 飯田　稔
　　今こそ追求したい"生きるための問い"
　　　──『君たちはどう生きるか』

44　リーダーから始めよう！　元気な職場をつくるためのメンタルケア入門⑥ ——— 奥田弘美
　　ストレスに対抗するための心の基礎体力づくり①「食事」

教育長インタビュー　──次代を創るリーダーの戦略Ⅱ⑤

58　学校と地域のシームレスな学びで次代を育てる教育を目指す ———［高知県土佐町教育長］澤田智則

カラーページ

1　Hands　手から始まる物語⑥ ——————————————————————— 関　健作
　　メルボルン、24歳、グラフィティーアーティスト

4　スポーツの力［season2］⑥ ———————————————————————— 髙須　力
　　求道者の素顔

特集

先進事例にみるこれからの授業づくり
～「見方・考え方」を踏まえた単元・指導案～

● 論考——theme

14 「見方・考え方」を働かせた授業づくりとは
　　——小学校社会科を例に ………………………………………………………… 澤井陽介

18 新課程を生かす単元づくり・授業づくりの実際 ……………………………… 弥延浩史

● 事例——case

22 国語　国語科における見方・考え方を働かせた授業づくり
　　　　…………………………………………………………… 高知県四万十市立中村中学校

26 理科　理科の見方・考え方を生かす授業展開
　　　　——「振り子の運動」の単元導入 ……………………………… 福岡市立香椎小学校

30 数学　数学の「見方・考え方」を育てる単元づくり・授業づくり
　　　　…………………………………………………………… 鳴門教育大学附属中学校

34 幼小中一貫教育　多様性社会の中で生きて働く力を育む
　　　　——「躍動する感性」「レジリエンス」「横断的な知識」の基礎となる資質・能力の育成
　　　　…………………………………………………………… 広島大学附属三原学校園

エッセイ

8 離島に恋して！⑥ ……………………………………………………………… 鯨本あつこ
　豆腐で楽しむ島の違い

54 リレーエッセイ・Hooray!　わたしのGOODニュース
　生き物の取り扱いは慎重に！ ………………………………… ［爬虫類ハンター］加藤英明

96 校長エッセイ・私の一品
　「出会い」をつなぐ ………………………………… ［島根県松江市立津田小学校長］森脇紀浩
　額縁「學如不」 ……………… ［奈良県磯城郡川西町・三宅町式下中学校組合立式下中学校長］中本克広

ワンテーマ・フォーラム——現場で考えるこれからの教育

私と地域の物語（エピソード）

63 「教育」から「共育」へ
　　——地域と共にある学校の創造 ……………………………………………… 大牧眞一

64 クラフトビール『田村律之助物語－麦秋－』誕生秘話
　　——校長は学校と地域をつなぐ触媒 …………………………………………… 鈴木廣志

65 地域と共にある学校づくりをめざして …………………………………………… 柏木荘一

66 「もやい」の精神とコミュニティ・スクール ……………………………………… 橋爪文博

67 私と地域の物語
　　——地域の捉え方のズレ ……………………………………………………… 佐藤晴雄

10 教育Insight ………………………………………………………………………… 渡辺敦司
　「持続可能な社会の創り手」どう育成するかで公開シンポ

88 スクールリーダーの資料室
　これまでの審議を踏まえた論点整理（案）
　令和2年度概算要求主要事項（文部科学省初等中等教育局）

離島に恋して！ リトコイ！ [第6回]

豆腐で楽しむ島の違い

　日本の島々をあちこち巡っていると、おのずと「違い探し」が楽しみになってきます。利尻島や屋久島のように海抜０メートル地点から標高1000メートルを超える山がそびえる島があるかと思えば、宮古島や竹富島は海面にパンケーキをかぶせたように平べったい。漁業が盛んな島があれば、農業が盛んな島もあり、そうした特性に連なって人々の暮らしや文化の違いも現れます。自然環境、動物や植物、伝統文化、方言、産業、人口規模など、島と島を比較する対象を変えれば違い探しのネタは無限。元は飽き性であるはずの自分が、飽きることなく島々を見つめている理由には、違い探しの楽しさがあるからじゃないかと感じています。

　そんな私は島を訪れたとき、習慣のように「商店」を訪れています。鹿児島の奄美大島や、沖縄の宮古島、石垣島のように５万人以上が暮らす大きな島には商店はもちろん、スーパーや道の駅などさまざまなお店がありますが、数百人から数千人規模の島ではそれぞれの規模にみあった商店が明かりを灯しています。

　最近は、東京から南に1000km超の小笠原諸島に暮らす方でも、インターネット通販の恩恵が受けられ

いさもと・あつこ　1982年生まれ。大分県日田市出身。NPO法人離島経済新聞社の有人離島専門メディア『離島経済新聞』、季刊紙『季刊リトケイ』統括編集長。地方誌編集者、経済誌の広告ディレクター、イラストレーター等を経て2010年に離島経済新聞社を設立。地域づくりや編集デザインの領域で事業プロデュース、人材育成、広報ディレクション、講演、執筆等に携わる。2012年ロハスデザイン大賞ヒト部門受賞。美ら島沖縄大使。2児の母。

NPO法人離島経済新聞社
統括編集長
鯨本あつこ

るので、「島にないものはネットで」という感覚も当たり前になっていますが、さすがに食料品やティッシュペーパーなどの日用品は島で買えるに越したことはありません。

さて、島の商店を訪れた私は迷わず冷蔵コーナーを目指します。冷蔵棚に並ぶ商品をサーチしながら探すのは、あの白い物体。大豆製品の代表格、豆腐です。食料品を含め、ネットで買えるものが増えた今でさえ、足の早い食品群の中には島で生産されている現役選手も存在し、比較的どの島にもあるのが豆腐だからです。

傷みやすいがゆえ家まで持って帰ることはあまりできませんが、編集やデザインを長く仕事にしてきた人間としては、パッケージを分析するだけでも楽しくて仕方がありません。あくまで私調べではございますが、島の違いを最も強烈に表した、ベストオブ豆腐パッケージは「闘牛」で有名な鹿児島県・徳之島の豆腐で、やわらかな豆腐のパッケージに採用するには異色ともいえる、劇画タッチの闘牛イラストが描かれていました。

豆腐そのものが個性的なものでは、長崎や佐賀の島々で多くみられる、固い豆腐。壱岐島の「壱州豆腐」や神集島の「石割豆腐」は、投げても壊れないほどの固さで、存在感のある大きさにも驚きました。

長崎の離島・佐世保市にある黒島には壱州豆腐と同じく固く大きな「黒島豆腐」があり、黒島を訪れたときに釜炊きの豆腐づくりも体験させてもらいました。薪で火をおこし、豆乳を入れた釜に、海で汲んできた海水を入れ、大きなしゃもじでかき混ぜていくと、徐々に固まりができてきます。それを固めてできた豆腐はどっしり重たく巨大。小さく切り分け、お塩や醤油をつけて頂くと、芳ばしい大豆の香りはもちろん、どことなく海の香りも感じられました。

そういえば、伝統製法で豆腐をつくる島では、にがりの代わりに海水を使われることも多くありますが、果たして、海の香りも島によって異なるのか。島の違いを楽しむ旅はまだまだ続きます。

写真左● 佐世保市の黒島で体験した黒島豆腐づくりと完成した豆腐
写真右● 「闘牛」が有名な徳之島のスーパーで見つけた豆腐

●有人離島専門フリーペーパー『ritokei』●
有人離島専門メディア『ritokei（リトケイ）』では、「つくろう、島の未来」をコンセプトに400島余りある日本の有人離島に特化した話題のなかから、「島を知る」「島の未来づくりのヒントになる」情報をセレクトして配信しています。
ウェブ版 www.ritokei.com

教育Insight

「持続可能な社会の創り手」どう育成するかで公開シンポ

教育ジャーナリスト
渡辺敦司

　日本教育学会（会長＝広田照幸・日本大学教授）は8月6日から3日間、東京・目白の学習院大学で第78回大会を開催した。このうち最終日の8日に行われた公開シンポジウム「持続可能な社会と教育」では、新学習指導要領の前文や総則に「持続可能な社会の創り手となること」が明記されたことを受けて、持続可能な社会の構築に教育がどのように貢献するかを議論した。

　2015年9月の国連サミットで採択された「持続可能な開発のための2030アジェンダ」に記載された「持続可能な開発目標（SDGs）」には、17ある目標の4番目に「すべての人に包摂的かつ公平で質の高い教育を提供し、生涯学習の機会を促進する」が掲げられた。16年12月の中央教育審議会答申も、子供たちの現状と未来を見据えた視野から、▽自然環境や資源の有限性等を理解し、持続可能な社会づくりを実現していくことは、わが国や各地域が直面する課題であるとともに、地球規模の課題でもある▽子供たち一人一人が、地域の将来などを自らの課題として捉え、そうした課題の解決に向けて自分たちができることを考え、多様な人々と協働し実践できるよう、先進的な役割を果たすことが求められる、と指摘していた。

●SDGsの取組全てが学びの機会

　大会事務局長でもある諏訪哲郎・学習院大学教授（日本環境教育学会会長）の企画で行われた公開シンポジウムはまず、7月に刊行した『事典　持続可能な社会と教育』（同学会他編）に協力した団体の代表者5人がプレゼンテーションを行った。

　1人目は日本学校教育学会から、安藤知子・上越教育大学教授の「持続可能な社会の構築と教師教育」。これまでの学校では教師だけが教育の専門性を担っていたが、多様な主体が教育の担い手となる今後の学校では、教師の専門性にも変容が求められるとした。教職の存在意義や役割として、教師自身が①実践対象の広さ（相手を選ばない）、②実践射程の広さ（全人的人格形成を目的とする）、③実践の非定型性（複雑さや状況依存性の高さ）──を認識する必要があると強調。専門性の中核には、人に働き掛けて相手の思考や行動、価値観の変容を促すことがあり、そのためにも教師の自律性を担保するよう訴えた。

　2人目は日本国際理解教育学会から、曽我幸代・名古屋市立大学准教授の「多文化共生社会とESD（持続可能な開発のための教育）」。「誰一人取り残さない」を理念とするSDGsでは17の目標が相互に関連し合っていることに意味があり、多文化共生社会に向けては▽話を聴く▽気持ちを伝える▽ともに働く▽自文化・異文化を知る▽歴史を編む──が必要だとした。

　3人目は日本社会教育学会から、秦範子・都留

文科大学非常勤講師の「持続可能な地域づくりと社会教育・生涯学習」。目標4にうたわれる「質の高い教育」や「生涯学習の機会」の促進は決して発展途上国だけの問題ではなく、不登校や外国ルーツの子供を多く抱える日本のような先進国の課題でもあるとした。その上で、東日本大震災からの「創造的復興」に取り組む宮城県石巻市雄勝地区の事例を紹介しながら、人口減少時代にあっては地域づくりに貢献したいと考える地域外の人材（関係人口）を積極的に活用して地域を共創する社会的ネットワークの形成が必要だと指摘した。

4番目はSDGs市民社会ネットワークから、星野智子・環境パートナーシップ会議副代表理事の「SDGs・市民社会の視点から」。SDGsの取組全てが学びの機会であるとともに、あらゆるステークホルダー（利害関係者）と連携するプロセス自体がESDであり、「ESDGsと言う人もいる」と紹介した。

5人目の発表は日本環境教育学会から、関正雄・損害保険ジャパン日本興亜株式会社CSR室シニア・アドバイザーの「SDGsと企業の役割～求められるトランスフォーメーションと人材育成」。日本経済団体連合会（経団連）も17年に大幅改定した企業行動憲章の中にSDGsを取り入れたが、そのキーワードは「Society 5.0 for SDGs」であり、産業界が革新的技術を人間のために使うことでSDGsの達成に大きく貢献するとの考えを示した。気候変動や格差の問題解決は「小手先では駄目」で、トランスフォーメーション（変化）を創出できる人材をどうつくるかが課題だとした。

●異質な他者と共生する技法も必要

5人のプレゼンに対して、ゲストスピーカー2人がコメントした。1人目は、合田哲雄・文部科学省初等中等教育局財務課長（元教育課程課長）

の「持続可能な社会と教育のグランドデザイン」。人工知能（AI）時代には、創造性や社会的公正性、個人の尊厳といった価値が成立する「成熟社会」をつくる必要があると強調。そうした意思の実現を社会的文脈に位置付けたものがSDGsであり、そのために指導要領の前文にも盛り込んだと解説した。

2人目は、多田孝志・金沢学院大学教授の「教育の人類史的大転換を前にして」。変革する社会を「異質で多様な者との共生時代」と捉え、多文化共生を生かして新しい英知をつくっていく力を付けることが今後の教育に求められると位置付けた。そのためには分かり合えない人々とも一緒にいるための技法の習得や、理解できない状況に置かれたときの対応力も育成する必要があるという。さらに、持続可能な社会の教育として▽統合してものを考える力▽多様なものを巻き込んでいく力▽対象を外から見る力──の育成を方向性としてももつべきだと訴え、差異を認めるだけにとどまらず、対立から新しいものを生み出せる対話の力も養うよう提案した。

この後、諏訪教授と栗原清・学習院大学特任教授をファシリテーター（進行役）として、参加者全員により「持続可能な社会の作り手はどのように育むか？」をテーマに『えんたくん』ミーティング」が行われた。川嶋直・日本環境教育フォーラム理事長が考案した手法で、円卓の段ボールを囲んで話し合いながら各自がマーカーでメモしていく。▽よく聴く▽短く話す▽しっかり書き留める──が原則で、お互いの顔を見ながら深い討論を促す仕組み。同フォーラムでは学習院大の協力で、えんたくんミーティングを取り入れた教員免許更新講習（選択領域）「アクティブな学びを引き出すファシリテーション研修」も行っている。

教育関係者向け総合情報サイト
ぎょうせい教育ライブラリ

● 『学びのある』学校づくりへの羅針盤を基本コンセプトに、教育の現在に特化した情報サイトです。

Since 2019

「お気に入り」登録を！
https://shop.gyosei.jp/library/

▼「ぎょうせい教育ライブラリ」トップページ

「学校教育」の現場で今すぐ役立つ情報を発信していきます。

教育の現在が分かる無料メルマガ
「きょういくプレス」会員受付中

〒136-8575
東京都江東区新木場1-18-11
TEL0120-953-431
株式会社　ぎょうせい

特集

先進事例にみる これからの授業づくり
「見方・考え方」を踏まえた単元・指導案

新学習指導要領では、教科横断的に資質・能力を育成することを求めるとともに、教科の特質に応じた授業づくりも求めている。その足掛かりとなるのが、「見方・考え方」だ。そしてそれは、子供自身が働かせ、主体的・対話的で深い学びに向かうものと位置付けられている。逆に言えば、主体的・対話的で深い学びは、教科の特質を踏まえたものでなければならないと言えよう。改めて、「見方・考え方」とは何か、「見方・考え方」を働かせる授業づくりとは何かについて、単元や指導案づくりの具体例を交えながら考えてみたい。

● 論 考——theme

「見方・考え方」を働かせた授業づくりとは
　　　　——小学校社会科を例に

新課程を生かす単元づくり・授業づくりの実際

● 事 例——case

［国　語］国語科における見方・考え方を働かせた授業づくり
　　高知県四万十市立中村中学校

［理　科］理科の見方・考え方を生かす授業展開
　　　　——「振り子の運動」の単元導入
　　福岡市立香椎小学校

［数　学］数学の「見方・考え方」を育てる単元づくり・授業づくり
　　鳴門教育大学附属中学校

［幼小中一貫教育］多様性社会の中で生きて働く力を育む
　　　　——「躍動する感性」「レジリエンス」「横断的な知識」の基礎となる資質・能力の育成
　　広島大学附属三原学校園

theme 1

「見方・考え方」を働かせた授業づくりとは
小学校社会科を例に

国士舘大学教授
澤井陽介

「見方・考え方」と「学習指導要領総則」

　「見方・考え方」とは「物事を捉える視点や考え方」であると、「学習指導要領　総則」（平成29年告示。以下、「総則」）では説明されている。

　注目したいのは総則の以下の二箇所の記述である。

> （前略）特に、児童（生徒）が各教科等の特質に応じた見方・考え方を働かせながら、<u>知識を相互に関連付けてより深く理解したり、情報を精査して考えを形成したり、問題を見いだして解決策を考えたり、思いや考えを基に創造したり</u>することに向かう過程を重視した学習の充実を図ること。
> 「第３　教育課程の実施と学習評価」より　＊下線は筆者

　上記の下線部分は、中央教育審議会答申（平成28年）（以下、「中教審」）で示された「深い学び」の例である。すなわち、各教科の「見方・考え方」を働かせて「深い学び」を実現するように描かれている。中教審で、「見方・考え方が深い学びの鍵となる」と言われた所以である。

> （前略）単元や題材など内容や時間のまとまりを<u>見通しながら、そのまとめ方や重点の置き方</u>に適切な工夫を加え、第３の１に示す主体的・対話的で深い学びの実現に向けた授業改善を通して資質・能力を育む効果的な指導ができるようにすること。
> 「第２　教育課程の編成」より　＊下線は筆者

　上記は、単元や題材など（以下、「単元」）のスパンで深い学びを実現することが示されている。これらの２箇所の記述を関連付けて読めば、深い学びの鍵になる「見方・考え方」は、単元の学習過程を見通して、子供が働かせるように計画することが大切であることが分かる。

　また、新学習指導要領（平成29年告示）における各教科の目標の柱書には、「○○の見方・考え方を働かせ、○○の過程（活動）を通して」といった記述がある。これは、その教科らしい視点や考え方を踏まえた学習過程や学習活動を通すことで「知識及び技能」「思考力、判断力、表現力等」「学びに向かう力、人間性等」の三つの資質・能力がバラバラではなく、相互に結び付いてバランスよく育まれることを求めているものであり、バランスよく資質・能力が育まれる学びが、その教科の特質を踏まえた「深い学び」の姿である。すなわち、教師にとっての「見方・考え方」は、その教科らしい視点や考え方を盛

[特集] 先進事例にみるこれからの授業づくり
～「見方・考え方」を踏まえた単元・指導案～

■ theme 1 ■

り込んで深い学びを実現する単元設計のための鍵またはルートガイドであると言える。

各教科の見方・考え方を小学校学習指導要領の解説の記述から抽出し並べると次のようになる。

国語　対象と言葉、言葉と言葉との関係を、言葉の意味、働き、使い方等に着目して捉えたり問い直したりして、言葉への自覚を高めること

社会　社会的事象を、位置や空間的な広がり、時期や時間の経過、事象や人々の相互関係などに着目して捉え、比較・分類、総合したり、地域の人々や国民の生活と関連付けること

算数　事象を数量や図形及びそれらの関係などに着目して捉え、根拠を基に筋道を立てて考え統合的・発展的に考えること

理科　自然の事物・現象を、量的・関係的、質的・実体的、多様性と共通性、時間的・空間的などの科学的な視点で捉え、比較、関係付け、条件制御、多面的に考えること

生活　身近な人々、社会及び自然を自分との関わりで捉え、よりよい生活に向けて思いや願いを実現しようとすること

音楽　音楽に対する感性を働かせ、音や音楽を、音楽を形づくっている要素とその働きの視点で捉え、自己のイメージや感情、生活や文化などと関連付けること

図画工作　感性や想像力を働かせ、対象や事象を、形や色などの造形的な視点で捉え、自分のイメージをもちながら意味や価値をつくりだすこと

家庭　家族や家庭、衣食住、消費や環境などに係る生活事象を、「協力・協働、健康・快適・安全、生活文化の継承・創造、持続可能な社会の構築」等の視点で捉え、生涯にわたって自立し共に生きる生活を創造できるよう、よりよい生活を営むために工夫すること

体育　運動やスポーツを、その価値や特性に着目して、楽しさや喜びとともに体力の向上に果たす役割の視点から捉え、自己の適性等に応じた「する・みる・支える・知る」の多様な関わり方と関連付けること

外国語　外国語で表現し伝え合うため、外国語やその背景にある文化を、社会や世界、他者との関わりに着目して捉え、コミュニケーションを行う目的や場面、状況等に応じて、情報を整理しながら考えなどを形成し、再構築すること

総合的な学習の時間　各教科等における見方・考え方を総合的に働かせるということ、特定の教科等の視点だけで捉えきれない広範な事象を、多様な角度から俯瞰して捉えること

特別活動　各教科等の見方・考え方を総合的に働かせながら、自己及び集団や社会の問題を捉え、よりよい人間関係の形成、よりよい集団生活の構築や社会への参画及び自己の実現に向けた実践に結びつけること

各教科の特質を踏まえてまとめられていることもあり不揃いな感は否めない。授業レベルまで降ろして「子供が働かせる」イメージにまで具体化することが今後の研究課題であることも分かる。しかし、概ね次の点は共通している。
① 各教科等で求めている思考や理解などの（ための授業改善の）方向が示されていること
② 着目する視点には各教科等の内容的な特質が表され、考え方には「比較」「関連（関係）付け」など各教科等に共通する方法的な文言が多いこと
③「〜を、〜の視点に着目して捉え、〜の考え方（比

学校教育・実践ライブラリ〈Vol.6〉　15

theme 1

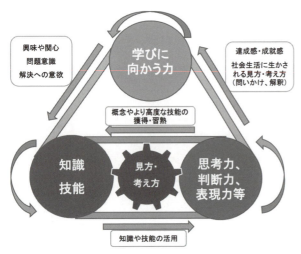

図　イメージ図

較、関連付け、つくりだす、再構成する、俯瞰する、結びつける）を駆使する」など、子供の学びのプロセスを描いていること

特に①のように大きく捉えることや、③のようにプロセスとして捉えることは、三つの柱で整理された資質・能力との混同を防ぐための重要ポイントである。細かく捉えすぎると、1時間ごとの授業にきめ細かく盛り込むことにつながり、やがて「養う」「育てる」という表現で資質・能力と混同されてしまうことが懸念される。

「見方・考え方」は子供が働かせるものであるが、教師が心を砕くべきは、子供が働かせるように授業（単元）設計を行うことである。まずは、上記のイメージ図のように三つの柱に整理された各教科の資質・能力を育むための「道具」あるいは「スキル」と考え、授業（単元）設計に目を向けることが大切である。したがって学習評価についても、「見方・考え方」を切り取って評価するのではなく、見方・考え方を働かせることによって育まれたその教科で育てるべき三つの資質・能力を評価すると捉える必要がある。

「見方・考え方」を働かせた授業づくりとは
小学校社会科を例に

子供が社会的事象の見方・考え方を働かせて学ぶようにする授業づくりについて、社会科を例に考えてみる。具体的には以下の事項が考えられる。

(1) 問いの構成を工夫する

小学校社会科の学習で働かせる見方・考え方は、次のとおりである。

> 位置や空間的な広がり、時期や時間の経過、事象や人々の相互関係など（視点）に着目して社会的事象を捉え、比較・分類したり総合したり、地域の人々や国民の生活と関連付けたりすること（考え方）
>
> ＊（　）内は筆者が追記

例えば、第4学年の内容に「先人の働き」がある。ここでは、地域のために農業用水を開削した先人などを取り上げて学ぶが、先人の生き方を問うのではない。それは道徳である。その先人が、なぜ用水を開削しなければならなかったかと地理的環境を見る、その先人が誰と協力してどれくらいの年月をかけどんな作業をしたかと年表に整理しながら事実を丁寧に調べる、その開削がどの範囲に水を届けどの地域の人々の産業や生活の向上に寄与したかを地図などで確かめる（人々の生活と関連付ける）、といった学習を通して、先人が行ったことの社会的な意味（地域の人々にとっての意味）を考える。これが社会的事象の見方・考え方を働かせた社会科としての深い学びである。たとえて言うならば、社会科のショートパスをつないで社会科のゴールに確実にシュートするのである。道徳でも総合的な学習の時間でも国語でも特別活動でもない、社会科の深い学びのプロセス（ルート）である。先に「その教科の深い学び

[特集] 先進事例にみるこれからの授業づくり
〜「見方・考え方」を踏まえた単元・指導案〜
■ theme 1 ■
「見方・考え方」を働かせた授業づくりとは

のためのルートガイド」と称したのはこのような意味である。

では、どのようにして上記の視点に着目させるか。「子供が働かせる」ということを考えれば、視点を問いに変換する方法が効果的である。例えば、「分布を調べなさい」と指示するのではなく、「どのように広がっているか」「どこに集まっているか」と問うのである。中教審に添付された資料の中には、その趣旨から問いの例が次のように例示されている。

• どのように広がっているのだろう
• なぜ、この場所に集まっているのだろう
• いつ、どのような理由で、はじまったのだろう
• どのように変わってきたのだろう
• なぜ、変わらずに続いているのだろう　など

こうした問いを単元の展開のどこにどのように位置付けるか、その構成を工夫することが大切である。ちなみに問いとは、「単元の学習問題や毎時の課題、教師の発問などを幅広く含むもの」と捉えたい。そうした問いを単発ではなく、単元全体を見据えた構成で設定することが大切である。

(2) 資料提示を工夫する

問いに変換しても、その問いを教師が一方的に提示しては、子供が働かせることにはならない。そこで、資料提示を工夫して、子供から問いやそれにつながる疑問が出されるように工夫することが大切である。また、「比較しなさい」「関連付けなさい」ではなく、子供が比較するように、関連付けるように資料提示を工夫する必要もある。社会科では、これまでも地図や年表、図表などから情報を読み取ることを重視してきた。まずは、こうした資料を必要な場面で十分に生かしていくことが大切である。ただし、地図を見せれば、子供が空間的な視点に着目するとは限らない。年表を見せれば時間的な視点に着目するとは限らない。そこには、資料の加工や提示、問いかけ方などの工夫が必要になる。どうすれば教

師が意図した問いにつながる疑問を子供がもつのかを考えてみることが大切である。

(3) 対話的な学習活動を重視する

実際の授業では、子供同士の交流によって、多様な「見方・考え方」が鍛えられていくことも大切にしたい。見方・考え方は固定的なものとして教え込むものではなく、あくまでも子供が使えるようにするものだからである。比較したり関連付けたりする思考も子供同士の対話的な学びから自然と生まれることが多い。社会科の授業時間に社会科以外の教科の見方・考え方を働かせることも考えられる。そうして互いの意見や知識を比べたりつなげたりして考え、表現するプロセスにより、社会的事象には様々な意味や多様な解釈があることを学ぶことにもなる。

こうした学習を繰り返していくことにより、子供たちの社会に対する「見方・考え方」は確かになっていくはずである。小学校、中学校、高等学校の共通用語として「社会的な見方・考え方」と称しているのは、長いスパンで成長していくことを期待するという側面もあるからである。

Profile

さわい・ようすけ　国士舘大学体育学部こどもスポーツ教育学科教授。昭和59年から東京都の小学校で教諭、平成12年から指導主事、副参事等、平成21年4月から文部科学省教科調査官、視学官を経て現職。主な著書は、『学級経営は問いが9割』『授業の見方』『教師の学び方』(いずれも東洋館出版)、『新学習指導要領社会の授業づくり』『社会科授業スキル大全』『見方・考え方を働かせて学ぶ社会科授業モデル』(いずれも明治図書)他

theme 2

新課程を生かす
単元づくり・授業づくりの実際

筑波大学附属小学校教諭
弥延浩史

私の問題意識
これまでの国語授業

　今回、単元づくりや授業づくりについて紹介させていただくことになったが、まずは私の国語授業における問題意識について述べさせていただきたい。
　新学習指導要領の全面実施を見据えたとき、「言葉による見方・考え方を働かせる」という点が大変重要になってくることは言わずもがなである。これまで、国語科の学習では次のようなことが問題として挙げられていた。例えば、「昨日は二場面の○○の気持ちを考えたので、今日は三場面の○○の気持ちを考えましょう」「昨日は⑦段落まで読んだので、今日は⑧段落から読んでいきます」というように、機械的に場面ごとや段落ごとに区切って進んでいく授業である。これでは、書かれていることの表面だけをなぞる授業になり、学びのつながりも不透明だ。学びのつながりとは、既習を生かした学習活動を展開したり、その単元で身に付けた力が別の単元などで生かされていったりするということである。何より、このような学習課題の出され方では、子供たちにとって学びの必要感は生まれるだろうか。
　私は、子供たちにとって、「考えてみたい！」とか「やってみたい！」と思えるような教材との出合わせ方が重要であると考える。さらに言えば、このような授業展開では系統的、段階的に言葉の力を身に付けさせていくことは難しいため、その単元でどのような言葉の力が身に付いたのかということが、子供たちにとって自覚できるものである必要があると考える。単元づくりや授業づくりには、このような視点が大切なのではないだろうか。

文学的文章の授業をつくる
「お手紙」を例に

　ここからは、実際に単元づくり・授業づくりについて、「お手紙（アーノルド・ローベル作）」について述べていく。現在採択されている国語科の教科書では、2年生もしくは1年生に掲載されている物語である。それぞれの教科書を比較すると、おおむね、「人物がしたことやそのときの様子について読み取ること」「想像を広げながら読むこと」などが挙げられ、単元のゴールとしては「音読劇にして表す」「がまくんやかえるくんなど登場人物に手紙を書く」「同一作家の本を読み、感想などを交流し合う」というような言語活動が設定されている。
　大事にしたいのが、子供たちにとって必要感のある、学びの必然性がある教材との出合わせ方をする

[特集] 先進事例にみるこれからの授業づくり
〜「見方・考え方」を踏まえた単元・指導案〜
■ theme 2 ■

という点だ。はじめに物語を一読した段階で、子供たちは既習事項と結び付けながら「時・場所・人物の設定」を捉えたり、あらすじを捉えたりすることをしていく。しかし、その段階での読みは独善的なものであると言えるだろう。

そこで、子供たち同士の考えの違いを浮き彫りにする工夫を取り入れる。そうすることで、「なぜ、あの子はそういう風に考えたのかな」とか、「わたしはこう思うけれど、果たしてそれは妥当なのだろうか」と、さらに物語を深く読もうとする姿を引き出していく。

これまでの学びとのつながりを想起させることも、意欲を喚起するという点で効果があるだけでなく、系統的に言葉の力を身に付けさせていくことができるだろう。子供たちは、1年生のときに物語には人物の変容が書かれることがあることを捉え、物語を通して最も大きく変容した人物が中心人物であると確認している。そこで、これまでの学習を生かし、「お手紙」では大きく変わった人物は誰なのかを決めて、自分の立場を明らかにするところから学習を始めることにした。そうすることによって、そこで見えてきた互いの考えの違いから、物語を詳しく読む必要感をもたせようとしたのである。以下、単元づくりについて紹介する。

単元づくりについて
学びのつながりと付けたい力を意識して

単元のねらいとしては、大きく次の三つを設定した。
○場面の展開を意識して読み、叙述に即して中心人物の心情を捉えることができる。
○人物が「なぜ」「どのように」変容したのかについてまとめることができる。
○がまくんとかえるくんのシリーズ作品を読み、人

の人物像についてまとめ、感想を伝え合うことができる。

このように考えると、単元の評価規準は次のようになる。
【知識・技能】
・文の中における主語と述語との関係に気付いている。(1)カ
【思考力・判断力・表現力等】
・場面の様子に着目して、登場人物の行動を具体的に想像している。C(1)エ
・文章の内容と自分の体験とを結び付けて、感想をもっている。C(1)オ
・語と語や文と文との続き方に注意しながら、内容のまとまりが分かるように書き表し方を工夫している。B(1)ウ

また、主体的に取り組む態度として、次のことが言えるのではないだろうか。
・これまでに学習したことを振り返って学習課題を明確にし、学習の見通しをもち、進んで物語の人物の気持ちについて想像を広げながら物語を読んで感想をもとうとしている。

●単元の指導計画（全12時間）

第一次　短い話の読み聞かせを聞き、人物の変容についてまとめる　　　（2時間）

第二次　「お手紙」を読み、人物の変容や人物像についてまとめる　　　（7時間）

第三次　シリーズ作品を読み、二人の人物像を読み比べながら感想を紹介し合う
　　　　　　　　　　　　　　　（3時間）

学校教育・実践ライブラリ〈Vol.6〉　19

theme 2

授業づくりについて
第二次の6時間目を例に

　第一次では、人物が最初と最後でどう変容したかということを捉える授業をした。読み聞かせ、「最初と最後ではどうなったかな」と問うだけでなく、何がきっかけで変容したのかというところも捉えさせるようにした。また、第二次の5時間目までは、人物設定を確認し、物語で起こった出来事や、人物の気持ちについて捉えている。第二次の最初に、「中心人物はがまくんなのか、かえるくんなのか」を問うているため、その手がかりとなるものは何かと詳細を読んで6時間目を迎えているという段階である。

　そこで、本時の目標は、「中心人物は誰なのかを話し合うことを通して、がまくんとかえるくんの心情の変化の差異に気付き、根拠を明確にして考えをまとめることができる」とした。本時の流れは下の表のようにした。

　この授業を通して、子供たちは次のように発言したり考えをまとめたりしていた。

A児「がまくんは手紙をもらえて、不幸せから幸せに変わったから中心人物だと思う」

B児「かえるくんもがまくんが喜んでいるから嬉しいし幸せ。でも、お手紙をもらったがまくんの方が、喜びは大きいと思う」

C児「私は、中心人物は二人じゃないかなって思うけど。だって、かえるくんも幸せな気持ちなのは同じでしょ」

D児「でも、がまくんとかえるくんの最初の悲しい気分ってちょっと違うよね」

　授業では、まず自分の考えをノートに書くようにし、それをもとに考えを伝え合うことができるようにした。そして、がまくんもかえるくんも心情の変化があるということを可視化できるよう、板書で示していった。そして、D児の発言を全体に問い返すことによって、子供たちは、「お手紙を一度ももらったことがない」という悲しみと、「親友のがまくんが悲しんでいる」という悲しみという違いがあることに気付いた。

　そこで、二人が幸せな気持ちになったキーアイテムである「お手紙」をリライトしたものを提示した。私がリライトした「お手紙」は、「親愛なる」を削り、「きみの親友」を「きみの友だち」と書き換えた

主な学習活動	◆評価　・指導上の留意点
1．話のあらすじについて確認する ○挿絵はどんな順番になるか。	・挿絵を見ながら、話の流れ（順序）を確認し、作品の全体像を確認する。
2．中心人物が誰かを話し合う ○大きく変わったのはがまくんか、かえるくんか。 ・がまくんは手紙をもらえて、「ふしあわせ」から「しあわせ」に変わっている。 ・お手紙をもらってとても喜んでいるし、最初の場面と大きく違うよ。 ・「二人ともとてもしあわせな気もち」とあるから、かえるくんも変わっている。	・これまでの学習で確認した中心人物の定義から検討できるようにする。 ・まずは、自分の考えをノートに書くようにし、それをもとに考えを伝え合うことができるようにする。 ・がまくんも、かえるくんも心情の変化があるということを可視化できるように示していく。
3．がまくんとかえるくんの変容を読む ○最初の場面と最後の場面の違いは何か。 ・二人とも、とてもしあわせな気もちになっている。 ・親友っていう気もちが強くなったと思う。	◆がまくんとかえるくんがどのように変容したのかについて、自分の考えをまとめることができる。　　（発言、ノート） ・がまくんとかえるくん、それぞれの「かなしい気分」と「とてもしあわせな気もち」を比べることができるよう、手紙の内容を取り上げる。
4．次時の学習課題について自分の考えをまとめる。 ○もっと早く手紙が届いた方がよかったのではないか。	・「がまくんに四日も手紙を待たせたのはよくなかったのではないか」という話をし、自分はどう思うかをノートに書かせておく。

> [特集] 先進事例にみるこれからの授業づくり
> ～「見方・考え方」を踏まえた単元・指導案～
> ■ theme 2 ■
> 新課程を生かす単元づくり・授業づくりの実際

ものである。子供たちは、口々に「こんなお手紙じゃないよ!」と言う。そこで、「でも、お手紙の内容は変わっていないし、これでもよいのではないですか?」と揺さぶった。子供たちは、がまくんが、かえるくんから手紙をもらって嬉しいというところまでは読めている。しかし、がまくんの「ああ、いいお手紙だ」という言葉には、手紙をくれたという事実以上に、手紙の内容に対する思いが含まれていると考えた。そこで、がまくんの気持ちを読めていると思っている子供たちにも、もう一歩先のところを考えてもらうために、このような揺さぶり発問をおこなったのである。

そうすることで、子供たちは、「親愛なる」や「親友」という言葉のもつ温かさや、「いいお手紙」の「いい」とは何かというところまで、自分の経験とも結び付けながら考えを伝え合うことができた。

この授業の最後には、「かえるくんがかたつむりくんにお手紙を頼んだことは失敗だったね」と問いかけた。子供たちからは、この揺さぶりに対して「え?どうして?」という反応が返ってきた。そこで、「だって、四日も待たせてしまったでしょう? がまくんに、もっと早くお手紙を届けないとだめでしょう?」と言うと、「二人とも幸せな気持ちですわっていたんだから、その四日もたいせつだよ」とある子供が発言したのである。この発言は、叙述から想像したものであることが分かる。そこで、その子供の発言から、ペアになって、四日間待ったことの意味について考えさせた。

次時ではさまざまな意見が出るなかで、ある子供が、「プレゼントと同じだよ」と言った。そこで、「それはどういうことかな?」と問い返すと、「クリスマスプレゼントとか、誕生日プレゼントとか、待っているとき楽しみでしょう? だから、このお手紙も同じ」とのことだった。これには、多くの子供たちが共感し頷いていた。

このように、自分の経験から結び付けて考えるということは、文学的文章の学習における「言葉による見方・考え方を働かせる」という部分ともつながると考える。この学習を終えたとき、他の文学作品でもシリーズになっているものがあるから読んでみたいというように、学びが広がっていく姿も見られた。

教材といかに出合わせるかという点、自分の考えをもたせ、それを対話を通してさらに深化させたり新たな視点に気付かせたりする授業展開、最終的には個々が学びの深まりを実感できるような振り返りをさせていくということが、これからポイントになってくるのではないだろうか。そうした国語授業を、これからも目の前の子供たちと共に創っていけたらと思っている。

Profile

やのべ・ひろし　1980年東京都日野市生まれ。弘前大学教育学部を卒業後、弘前市立時敏小学校、藤崎町立藤崎小学校教諭を経て、2018年度より現職。令和2年度東京書籍小学校国語教科書編集委員、全国国語授業研究会理事、国語「夢」塾幹事。主な著書に『小学校国語 クラス全員が熱中する! 話す力・書く力をぐんぐん高めるレシピ50』(単著:明治図書)、『クラスのつながりを強くする! 学級レク＆アイスブレイク事典』(単著:明治図書) 他、編著・共著多数。新採用のころから、話すことや書くことのおもしろさを子供たちに実感してもらいたい、学級を前向きに高め合うことのできる空間にしたいと、様々な実践に取り組む。現在は、「対話のある授業」をいかにつくっていくか、対話を通して学び合い、高め合っていく学習集団をいかに育てるかを考え、実践に取り組んでいる。

case 1

● 国 語

国語科における見方・考え方を働かせた授業づくり

高知県四万十市立中村中学校

見方・考え方で描く資質・能力を育てる単元づくり

　本校の授業づくりは、各教科会でチームとなり、生徒が日常生活等の他の場面でも使える汎用的な能力を育てるために、教科書教材をいかに指導するかという内容ベイスの授業から、教科における領域ごとにどのような力を育成するのかを明確にした資質・能力ベイスの授業へと転換を図っている。資質・能力ベイスの授業の肝となる単元づくりでは、三つの要素「生徒の実態を捉え、各領域から選択し、単元を通して身に付けたい資質・能力を設定すること」「生徒が自分事として課題意識をもつことができ、各領域の特質に応じた言語活動を設定すること」「身に付けたい資質・能力に適した教材を設定すること」が相互に結び付くことをイメージして行っている。

　生徒自身が、学習対象を多面的・多角的に捉えるためには、単元を通して、各教科等の特質に応じた見方・考え方を広げたり深めたりすることが重要である。そのためには、課題解決の過程に見通しをもち、どのような見方・考え方で思考すればよいのかを、生徒自身が自覚できるような単元指導計画を教師側がしっかりともつことが必要である。

単元ゴールからつくる単元づくり

　では、本校の国語科で単元づくりをどのように行っているのかを、本校で作成している学習指導案を基に説明していきたい。実践例は、第１学年（思考力、判断力、表現力等）「Ｂ　書くこと」である。なお、本校では、各教科担当教員が担当教科を越えても分かるような学習指導案を目指して作成している。

　単元づくりでは、まず、新学習指導要領に示されている国語科の目標である「国語で正確に理解し適切に表現する資質・能力」を育成するために、「知識及び技能」「思考力、判断力、表現力等」「学びに向かう力、人間性等」という三つの柱に基づいて、生徒にどのような資質・能力を身に付けさせるのかという単元の目標を明確に示す（図１の「①単元目標」に対応、以下同様）。学習指導要領解説を読み込み、他の場面でも使える汎用的な能力を育てるために、本単元を通してどのような資質・能力を身に付ければよいのかを、生徒の実態に応じて具体化する（「②単元ゴール」）。

　本単元では、読み手を意識して根拠を明確にしたり、読み手に印象に残るように工夫したりして書くという資質・能力の育成を目指す。自分の考えがより相手に伝わる文章を書くために、具体的な特徴を根拠として、自分の考えを明

[特集] 先進事例にみるこれからの授業づくり
〜「見方・考え方」を踏まえた単元・指導案〜
■ case 1 ■

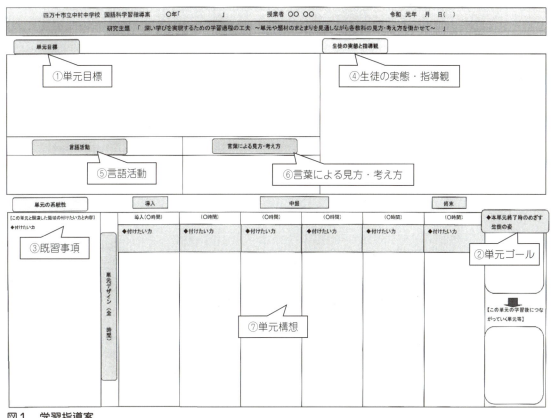

図1　学習指導案

確に伝えること、読み手を意識して述べ方や言葉の使い方を工夫するという2点を、本単元で身に付けさせたい汎用的な資質・能力として、単元ゴールを設定した。

国語科の学習は、小学校から螺旋的・反復的につながっているものであるので、これまでの学びとつなぎ、新たな学びを加えて、次の学習へどのようにつなげていくかを考える（「③既習事項」）。単元ゴールの資質・能力を身に付けるために、関連する領域で何をどのように学んできたのかを把握する。生徒は、小学校5・6年生で、自分の考えが伝わるように目的や意図に応じて事実と感想、意見を区別して簡単に書いたり詳しく書いたりするという学習を行っている。それを受けて、中学校では二つの説明文を読み比べることを通して、読み手にとって分かりやすい文章と読み手を惹き付ける文章とはどのようなものなのかを見つけ、自分の文章に生かすという学習を行っている。

次に考えるのが、生徒の実態に応じた言語活動の設定である。生徒が自分事として課題解決に向かえるように、日常や社会生活のどのような場面を設定すればよいかを考え、目的や相手を明確にして設定する。ここで教師と生徒の意識の間にズレが生じると、生徒が意欲的に学習に取り組めなくなってしまい、「活動あって学びなし」の状態となる。生徒がどのようなことに興味・関心があるのか、また、生徒が単元を通して考える価値のある課題であるのかを丁寧に検討する（「⑤言語活動」）。

本単元では、次のように構想した。言語活動として、「文化祭に展示する美術科教員の作品について、ピクチャーガイド（美術作品の鑑賞の仕方を示すもの）を作成する」ことを設定した。自分にとって身近な教員の美術作品に対して

case 1

　文章を書くこと、また、書き上げた文章を美術作品と共に展示すること（来校した保護者が読む）で、生徒にとって自分事になり、解決したいと思える課題としている。

　単元の導入は、題材の設定・情報の収集の時間とし、既習事項を生かしながら、自分なりに展示作品の魅力を捉えてピクチャーガイドを書く。そして、ピクチャーガイドを読み返し、生徒は自分が文章を書くうえで何が足りないのか、自分の文章の課題を解決し作品の魅力を伝えるためにはどのようにすればよいのかという問いをもつことになる。それを受けて、中盤では、ピクチャーガイドの対象となる美術作品の具体的な特徴を捉え、作品の良さを伝えるために、作品のどこを根拠として、どのような言葉や表現で読み手に伝えるとよいのかを考えていく。「対象と言葉」「言葉と言葉」の関係について考えながら、「書くこと」の学習過程「取材」「構成」「形成、記述」「推敲」「共有」のプロセスを何度も行き来したり繰り返したりしながら、言葉による見方・考え方を働かせる（「⑥言葉による見方・考え方」）。

　資質・能力を育てる単元づくりにおいて、授業は１時間ごとに完結するのではなく、常に単元ゴールに向かって見方・考え方を成長させながらつながっていく活動を仕組んでいかなければならない。また、「取材」から「共有」までのプロセスにおいても、１時間ごとに見方・考え方を成長させていく。１回目の学習活動を経たうえで、身に付けさせたい資質・能力に適した教材と出合わせ、２回目の学習活動を繰り返すことにより、自分の作品の表現等がよりよくなっていく実感をもたせる。

見方・考え方を働かせた授業の実際

　前述のように、自分事となる課題を設定し、「対象と言葉」「言葉と言葉」の関係について、見方・考え方を働かせながら資質・能力を育成していくことが重要であると考えて単元づくりを行っている。１単位時間の授業は、次のような流れで展開している。

　授業の初めに、単元を通して考える課題を共有する。これは単元全体を貫いて設定しているものであるので、単元の途中で変わることはない。本単元では「作品の魅力をどう伝えればよいか？」という課題を設定した（図３の「①問題の共有」に対応、以下同様）。前時までに自分が選んだ美術作品の魅力について取材をして情報収集を行い、既習事項を生かして自分なりにピクチャーガイドを書いてみる。そこでなぜうまく書けないのか、自分に足りないものは何かという課題をもたせている。

　本時では、相手に作品の魅力が伝わる文章にするためには、どうすればいいのかについて、解決策を考えることを課題とした。生徒に自分の感覚的な考えだけを述べ

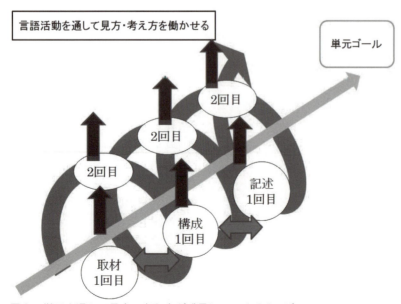

図２　単元を通して見方・考え方が成長していくイメージ

[特集] 先進事例にみるこれからの授業づくり
～「見方・考え方」を踏まえた単元・指導案～
■ case 1 ■
国語科における見方・考え方を働かせた授業づくり

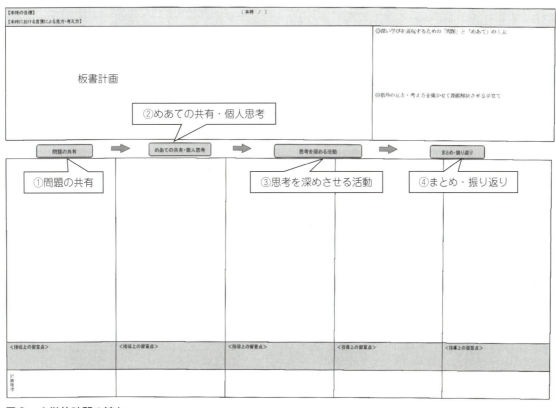

図3　1単位時間の流れ

ているだけでは相手を納得させることができないということに気付かせる（「②めあての共有・個人思考」）。課題意識を生じさせたうえで、絵に対して解説している150字程度の文章（教材）を参考として読ませる。この活動を通して、自分の文章には根拠が不十分であることや、根拠として挙げている内容が適切ではないといったことに気付くはずである。

このような過程を経ることで、「相手を説得させるための根拠とは？」ということについて考え始める。作品に対する取材を別の視点から考え直す生徒や専門的な資料を求める生徒が生じてくる。同じ美術作品を選んだ数名の生徒で共有しながら見つけ、考え、推敲し続けていくという活動を繰り返す。そうすることで、自分がどのように成長したのか、それはどのようなことに着目してどのように考えたからなのか、つまり、言葉による見方・考え方の成長を自覚することにつながる（「③思考を深めさせる活動」）。

授業の終わりには、必ず生徒個人で本時の学習をまとめ、次につながる振り返りを行う。本時の学習で学んだことは何なのか、次の学習へつなげるために本時で自分が課題として捉えたことや理解したことは何なのかをじっくり振り返りを行う（「④まとめ、振り返り」）。

これまで述べてきたように、本校では、教科会で見方・考え方を働かせる単元づくりを行い、一つ一つの授業で問題の共有から振り返りまでの流れを、全教科が統一して授業を行っている。改善が必要な点は多々あるが、全教員がチーム学校となって、今後も見方・考え方を働かせた単元づくりを継続・発展させていきたい。

（教諭　白石千穂）

case 2

●理科

理科の見方・考え方を生かす授業展開
「振り子の運動」の単元導入

福岡市立香椎小学校

理科の見方・考え方

（1）学習指導要領解説における理科の見方・考え方

小学校学習指導要領（平成29年告示）解説理科編によると、「見方・考え方」は資質・能力を育成する過程で児童が働かせる「物事を捉える視点や考え方」とされている。

問題解決の過程において、自然事象の事物・現象をどのような視点から捉えるのかという「見方」については、理科を構成する領域ごとの特徴から整理されている（**表1**）。

また、問題解決の過程においてどのような考え方で思考していくかという「考え方」については、これまで理科で育成を目指してきた問題解決の能力をもとに整理されている（**表2**）。

さらに、このような「理科の見方・考え方」を意識的に働かせながら、繰り返し自然の事物・現象に関わることで、児童の「見方・考え方」は豊かで確かなものになっていくと述べられている。

このことから、教師が児童の「理科の見方・考え方」を想定し、働かせる状況をつくることや、自覚を促すための振り返りの場面が必要となってくると考える。その経験を繰り返すことで、児童の「見方・考え方」は豊かで確かなものになっていく。

（2）「振り子の運動」で働かせる「理科の見方・考え方」の例とその系統

「振り子の運動」の学習において働かせる「理科の見方・考え方」を以下のように考える（**表3**）。

表1　理科における主な「見方」

領　域	主な見方
エネルギー	量的・関係的な視点
粒子	質的・実体的な視点
生命	共通性・多様性の視点
地球	時間的・空間的な視点

表2　理科における「考え方」とその定義

考え方	定　義
比較する	複数の自然の事物・現象を対応させ比べること
関係付ける	自然の事物・現象を様々な視点から結び付けること
条件を制御する	自然の事物・現象に影響を与えると考えらえる要因について、どの要因が影響を与えるかを調べる際に、変化させる要因と変化させない要因を区別するということ
多面的に考える	自然の事物・現象を複数の側面から考えること

表3　「振り子の運動」における「理科の見方・考え方」

量的・関係的な見方	振り子の長さや振れ幅、おもりの重さが変わることに伴って、振り子の1往復する時間はどのように変わるのかという視点で見る。
条件制御の考え方	振り子が1往復する時間について、制御すべき要因と制御しない要因を区別し、1つ変える条件を決め、その他の条件はできるだけ変えないという考え方

[特集] 先進事例にみるこれからの授業づくり
～「見方・考え方」を踏まえた単元・指導案～
■ case 2 ■

表4 「量的・関係的な見方」の系統

学年	単元名	学習内容に関わる量的・関係的な見方
3年	風やゴムの力の働き	風の力やゴムの力が変わることで、物の動く様子が変わる。
	光と音の性質	・反射した日光の重なり方が変わることで、明るさや温度が変わる。 ・物の震え方の強さが変わることで、音の大きさが変わる。
4年	空気と水の性質	閉じ込めた空気を圧し、体積が変わることで、押し返す力が変わる。
	金属、水、空気と温度	金属、水及び空気は、温めたり冷やしたりすることで、それらの体積が変わる。
	電流の働き	乾電池のつなぎ方や数が変わることで、つないだ物の様子が変わる。
5年	電流がつくる磁力	電流の大きさや導線の巻き数が変わることで、電磁石の強さが変わる。

表5 「振り子の運動」前後の「量的・関係的な見方」の変化

「振り子運動」の前の「量的・関係的な見方」	「振り子運動」の後の「量的・関係的な見方」
・一方の量が変わることに伴って、もう一方の量も変わる。	・一方の量が変わることに伴って、もう一方の量も変わる。 ・一方の量が変わってもそれに伴って、もう一方の量は変わらない。（新）

これまでは何か量を変えれば、何か変化があったのに。なんで？

図1 児童の見方のズレ

表3に示すとおり、「振り子の運動」では「量的・関係的な見方」を働かせていく。では、「振り子の運動」の学習までに児童がどのような学習内容において「量的・関係的な見方」を働かせてきたのかを学年ごとに分析し、整理した（表4）。

表4の「量的・関係的な見方」には共通点がある。それは、「一方の量が変わることに伴って、もう一方の量が変わる」という見方である。それに比べて、「振り子の運動」で表3に示した「量的・関係的な見方」を働かせて追究させた結果、児童は「一方の量（おもりの重さや振れ幅）が変わっても、それに伴ってもう一方（振り子の1往復する時間）は変わらない」という新しい見方を手に入れることになる（表5）。これまで、「一方の量が変わることに伴ってもう一方の量も変わる」という見方を経験してきた児童にとって、この出合いは「量的・関係的な見方」をより豊かにする大切な機会である。

「振り子の運動」の学習展開の一例

（1）これまでの「量的・関係的な見方」を生かした単元導入

前項で述べた「振り子の運動」の学習前の「量的・関係的な見方」を児童が働かせる状況を作ることで、目の前の事象との認識のズレを生じさせ、追究意欲としていく単元導入を考えた。

体育館や武道場にある長いロープ（以下：ターザンロープ）を使った導入である。天井からつるしてある長いターザンロープを使い、

「30秒間で多く往復できたチームが勝ちという」ゲームを班対抗で行う。長いロープのため、児童の身長差では、30秒間で往復する回数に差が出ない。つまり、一方の量をどのように変えても、もう一方の量が変わらない。さらに、往復する回数を変えられると思っていた児童がこの結果に出合うことになる。その後、各班の作戦を振り返りながら、「重さや振る幅を変えれば、縄が往復する速さが変わるのかな？」と発問をし、これまでの事象の見方とのズレを自覚させ、振り子のモデルを使った、「条件制御」を意識した実験を構想させる（図1）。

case 2

（2）児童の「量的・関係的な見方」を生かした単元計画（全7時間）

段階	配時	学習活動と内容	指導上の留意点（※働かせる見方・考え方）
習得	1	1．ターザンゲームを行う。 （1）班ごとにターザンロープで遊ぶ 　○ ターザンロープの動きが振り子の動きであることを知ること （2）ゲームのルールを知り、作戦を立てる。 　○ 量的・関係的な見方を働かせること 【学習問題】 どうすればターザンゲームで勝つことができるだろうか。 （3）班ごとに作戦を全体で発表し、記録を測定する。 　○ どうやっても一往復する回数が変わらないこと （4）引き分けた要因について考える。 　○ 検証する要因である「振れ幅」「おもりの重さ」について考えること	○ ターザンロープの動きを全員が経験できるようにするために、班ごとに自由に遊ばせる。 ○ ターザンロープの往復する速さを変えるために必要な要素を考えさせる。 ※乗る人やスタートの位置を変えると、ターザンロープの速さが変わる。 ○ ロープの条件が変わらないようにするために、同じロープで順に記録を測定させる。 ○ 往復する回数に差が出なかったことを、各班の作戦をもとにして考えさせることで、これから検証していく要因に目を向けさせる。 ※振れ幅やおもりの重さを変えても、往復する回数は変わらない。
	4 ② ②	2．振り子の1往復する時間を変化させる要因について検証する。 （1）「振れ幅」「おもりの重さ」に関して予想を交流し、実験方法を立案し、実験を行う。 【学習問題】 振り子の1往復する時間は「振れ幅」「おもりの重さ」に関係するのだろうか。 　○ 振り子の振れ幅や重りの重さは、振り子の1往復する時間には関係しないこと （2）「振り子の長さ」に関して予想を交流し、実験方法を立案し、実験を行う。 【学習問題】 振り子の1往復する時間は「振り子の長さ」に関係するのだろうか。 　○ 振り子の長さは、振り子の1往復する時間に関係すること	○ 条件制御の考え方が働かせられるようするために、マトリクスを使い、要因を整理させる。 ※振れ幅やおもりの重さを変えても、振り子が1往復する時間は変わらない。 ※変える条件と変えない条件を制御する考え方 | 振り子の長さ | おもりの重さ | 振れ幅 | 振り子の長さ | おもりの重さ | 振れ幅 | |---|---|---|---|---|---| | 30cm | 10g | 30° | 30cm | 32g | 30° | | | 32g | | | | 20° | | | 110g | | | | 10° | ○ 「振り子の長さ」に目を向けさせるために、ターザンゲームの映像を振り返り、1往復する時間や重心が変化していることに気付かせる。 ※振り子の長さを変えると、振り子が1往復する時間も変わる。 ※変える条件と変えない条件を制御する考え方
活用	2 ① ① 本時	1．振り子の1往復する時間は、おもりの重さや振れ幅には関係ないが、振り子の長さには関係があることをより深く理解するために、追実験や再実験を個人で選択し、構想する。 2．計画をもとに、実験を行い、振り子の運動の規則性についてまとめる。 　○ これまでに習得してきた知識・技能や問題解決の力を生かすこと	○ 主体的な問題解決活動が行えるようにさせるために、予想の根拠になった事象や条件を広げた場合の実験を児童主体で計画させる。 ○ 働かせた見方を振り返り、「一方の量を変えても、それに伴ってもう一方の量が変わらない」ことがあるという見方を自覚させる。
探究	自学・自由研究など	1．学習で得た見方である「一方の量を変えることに伴って、もう一方の量が変わる」ことや「一方の量を変えても、それに伴ってもう一方の量が変わらない」ことを生活にあてはめ、事例を探してくる。 2．メトロノームや振り子時計の仕組みを調べる。 3．一秒振り子やメトロノームを作製する。	○ 本単元で働かせた「見方」で生活を見返すことにより、豊かで確かなものにしていかせる。 ○ 習得した知識を広げ、深い学びにつなげる。 ○ 習得した知識を生かし、深い学びにつなげる。

28

[特集] 先進事例にみるこれからの授業づくり
～「見方・考え方」を踏まえた単元・指導案～
■ case 2 ■
理科の見方・考え方を生かす授業展開

「振り子の運動」学習後の「量的・関係的な見方」の広がり

左記の単元計画で示すとおり、探究の段階において、本時で自覚させた「見方」を生活の中で働かせることが大変重要である。

このような機会を繰り返すことにより、児童自ら意識的に「理科の見方」を働かせることができるようになり、その「理科の見方」が豊かで確かなものになっていくと考える。

また、「振り子の運動」の学習後、6年生の「てこの規則性」において、「量的・関係的な見方」を豊かにする機会がある。

「てこの規則性」以前の学習では、「一方の量を大きくすれば、それに伴ってもう一方の量も大きく」なったり、「一方の量を小さくすれば、それに伴ってもう一方の量も小さく」なったりしている事象と、児童は多く出合ってきている。「てこの規則性」における「支点と作用点の距離を大きくすれば、手ごたえは大きくなる」という事象もこれまで児童が働かせてきた「一方の量を大きくすれば、それに伴ってもう一方の量も大きくなる」という「量的・関係的な見方」と一致する。しかし、「支点と力点の距離を大きくすれば、手ごたえが小さくなる」という事象は今まで児童が働かせてきた「量的・関係的な見方」とは違い、「一方の量を大きくすれば、それに伴ってもう一方の量が小さくなる」事象である。

このように、児童は理科の学習を積み重ねることにより、「理科の見方」を広げていくことができる（**表6**）。

私たち教師は、自然の事物・現象を児童と出合わせることでどのような「理科の見方・考え方」を働かせることができるのか、どのように豊かで確かなものさせることができるのか意識しながら授業づくりを行っていく必要がある。

（教諭　大橋翔一朗）

[参考文献]
- 文部科学省『小学校学習指導要領（平成29年告示）解説理科編』東洋館出版社、2018年
- 日置光久他編著『平成29年改訂　小学校教育課程実践講座　理科』ぎょうせい、2017年
- 鳴川哲也他著『イラスト図解ですっきりわかる理科』東洋館出版社、2019年

表6　「てこの規則性」前後の「量的・関係的な見方」の変化

「てこの規則性」の前の「量的・関係的な見方」	「てこの規則性」の後の「量的・関係的な見方」
・一方の量が変わることに伴って、もう一方の量も変わる。（大→大、小→小）	・一方の量が変わることに伴って、もう一方の量も変わる。（大→大、小→小）
・一方の量が変わってもそれに伴って、もう一方の量は変わらない。（大→×、小→×）	・一方の量が変わってもそれに伴って、もう一方の量は変わらない。（大→×、小→×）
	・一方の量が変わることに伴って、もう一方の量も変わる。（大→小、小→大）【新】

case 3

●数　学

数学の「見方・考え方」を育てる
単元づくり・授業づくり

鳴門教育大学附属中学校

数学科における「見方・考え方」について

　中学校学習指導要領解説数学編（平成29年7月）（以下「解説」と略記する）において、数学的な見方・考え方は、「事象を数量や図形及びそれらの関係などに着目して捉え、論理的、統合的・発展的に考えること」として整理されており、解説（p21、22）において次のように述べられている。

> 「数学的な見方・考え方」は、数学の学習において、どのような視点で物事を捉え、どのような考え方で思考をしていくのかという、物事の特徴や本質を捉える視点や、思考の進め方や方向性を意味することと考えられる。

　数学的な見方・考え方を働かせた学習活動は、数学的に考える資質・能力を育成する多様な機会を与えるとともに、数学や他教科の学習、日常や社会において問題を論理的に解決していく場面などでも広く生かされるものである。

　これらのことから、指導者は生徒がどのような場面でどんな見方・考え方を働かせるのかを明確にすることが重要である。そして、そのことが学習目標を確実に、またよりよく達成することにつながったり、解決が進まない生徒や見方・考え方が働いていない生徒に適切な手立てを講じることができたりすると考える。そこで、授業の中で、生徒が働かせると考えられる見方・考え方を具体化し、授業を構想し、次のような授業実践に取り組んだ。

「見方・考え方」を働かせた授業の実際について

〈実践例　第3学年「式の計算の利用」の実践〉

(1) 授業の概要

　下の表のように、本時は、第3学年の「式の展開と因数分解」の単元の中の小単元「式の計算の利用」（全3時間）2時間目に位置する。

小単元等	授業時間	
1　式の展開と因数分解	14時間	18時間
2　式の計算の利用	3時間（本時2／3）	
3　単元のまとめ	1時間	

連続する3つの自然数
例　2、3、4のとき、　　7、8、9のとき、
　　　4^2-2^2　　　　　　9^2-7^2
　　　$=16-4$　　　　　　$=81-49$
　　　$=\underline{12}$　　　　　　　$=\underline{32}$

どんな数になっているのかな？

[特集] 先進事例にみるこれからの授業づくり
～「見方・考え方」を踏まえた単元・指導案～
■ case 3 ■

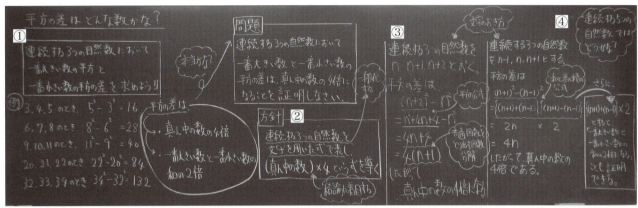

授業の板書（数字は「見方・考え方」が働く場面）

本時の目標を「連続する自然数の性質について、式の展開や因数分解を活用して、証明することができる」と設定した。

本時は、前頁の図のように、連続する３つの自然数において、一番大きい数の平方と一番小さい数の平方の差が、どのような数であるかを予想し、その予想が正しいことを、文字を用いた式で説明する授業である。

(2) 本時における見方・考え方

本時において、見方・考え方を働かせている生徒の姿を具体化すると、下の表のようなものが考えられる。

見方・考え方を働かせている生徒の姿	働く場面
数量の関係に着目し、帰納的に考えている。	①
数量の関係に着目し、一般化している。	②
命題の結論に着目し、式の形を見いだしている。	②
命題を式に表し、その式の形に着目し、既習内容を活用し処理をしている。	③
前の問題の共通点や相違点に着目し、類推している。	④

(3) 授業の実際
【①の場面】

はじめに、連続する３つの自然数「３、４、５」を示し、それらの数の一番大きい数の平方と一番小さい数の平方の差を求めさせた。次に、「６、７、８」と「９、10、11」を示し、同じように求めさせた。このとき、「何かこの計算の結果について、きまりはあるのかな？」とこちらから生徒に聞いてしまうと、生徒の主体性がなくなってしまうので、あえて、何も言わず、今度は、「20、21、22」を示した。すると、数名の生徒は、先に行った計算の結果から帰納的に考え、きまりに気付いている様子であった。そこで、このような生徒に対して、「Aさんは、他の子よりも早く計算できていますね」と声をかけると、まだ、きまりに気付いていない周囲の生徒は、「なぜ、Aさんは、早く計算できるのかな？」「何かきまりがあるのかな？」ということを考えだした。

次に「32、33、34」を示すと、先ほどよりも早く計算できている様子が見られ、「分かった」「なるほど」というような声が聞こえだし、きまりに気付く生徒が増えてきた。また、自分が気付いたきまりについて、近くの子に確認したり、相談したりする姿も見られた。そして、「どうして、早く計算できるのかな？」と問いかけると、生徒から「真ん中の数を４倍する」という意見が出た。さらに、「他にはどうですか？」と聞くと、「一番大きい数と一番小さい数の和を２倍する」という意見も出た。

そこで、これらのきまりを具体的な数を使って確かめさせ、その

case 3

きまりが成り立ちそうだということを確認した後、「見つけたきまりは、どんな数のときでも、本当に成り立つのかな?」と問いかけ、本時の問題を提示した。このように、生徒に問いかける内容を工夫したり、具体的な数で確かめさせたり、関係に気付くまで具体的な数を示し続けたりするような手立てを講じることで、生徒は自ら進んで数量の関係に着目し、その結果からきまりを見つけようと帰納的に考えるようになると考える。

【②の場面】

文字を用いた式で証明を進めていくためには、数量を文字を用いて表し一般化したり、既習内容を活用し、目的に応じて式を処理したりすることが大切である。さらに、本学級では、文字を用いた式の証明を苦手としている生徒もいるので、この場面では、個人で取り組む前に、全体で証明の方針を立てた。まず、「全ての連続する3つの自然数について、成り立つことを証明するためには、どのように解決していきますか?」と問いかけ、ペアで確認させた。どのようにすればよいか分からないペアもあったので、「今までこのような問題を考えるときはどのようにしていましたか?」と聞き、これまでの学習内容を振り返らせた。そして、文字を用いて一般化して証明を進めていくということを全体

で確認し、3つの自然数を文字を用いた式で表わさせた。中には、連続する3つの自然数を「n、2n、3n」と処理をしてしまっている生徒もいたので、具体的な数を示し、数量の関係を捉えさせ、修正をさせた。次に、本時の問題を再度強調し、「証明の結論を導くためには、どのような形の式でなければならないですか?」と問いかけ、結論に着目させた。このようなやり取りから、「連続する3つの自然数を文字を用いた式で表し、結論に着目し、『(真ん中の数)×4』の式を導いていく」という方針を全体で立て、この方針に基づいて証明を進めていくことで、問題を解決できそうだということを確認し、個人で取り組ませた。

【③の場面】

ほとんどの生徒が立てた方針に基づいて証明を進めていくことができた。また、解決ができた生徒には、他の処理の方法や「一番大きい数と一番小さい数の和の2倍」を結論とした証明についても考えさせた。さらに、証明が進まない生徒には、乗法の公式や因数分解について、ノートや教科書を用いて振り返らせたり、再度、全体で立てた方針を確認させたりしながら、個別指導を行った。ほとんどの生徒が自分の考えをもてたところで、ペアでそれぞれの考えを説明させたり、教え合いをさせたりし、自分の考えをまとめさせた。その後、全体で次のような2つの考えを取り上げた。

考えⒶは、命題の式を平方の公式を用いて展開し、共通因数をとり出す因数分解を行い、「(真ん中の数)×4」の式を導いている。考えⒷは、命題の式を和と差の積の公式を用いた因数分解をして、( )内の式を計算し、「(真ん中

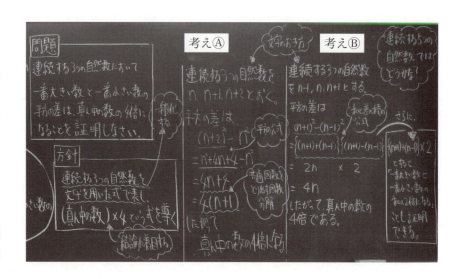

[特集] 先進事例にみるこれからの授業づくり
〜「見方・考え方」を踏まえた単元・指導案〜
■ case 3 ■
数学の「見方・考え方」を育てる単元づくり・授業づくり

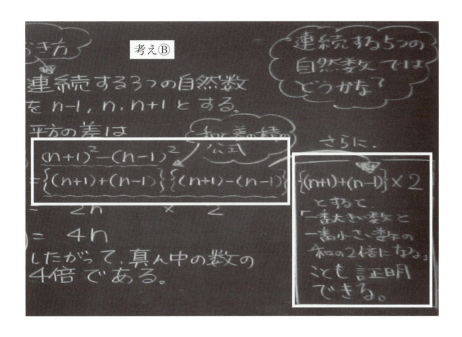

数）×4」の式を導いている。それぞれの生徒に考えを発表させ、「2つの証明はどんなところが違うかな？」と問うと、「連続する3つの自然数の文字のおき方が違う」や「証明の過程の中の処理の方法が違う」というような意見が出たので、「それぞれどのように処理をしていますか？」と聞き、活用した既習内容を板書しながら、処理の方法を全体で確認した。また、考えⒷは、右のように処理することができることも確認した。板書を示しながら、「このように処理をするとどんなことが分かりますか？」と問いかけ、「平方の差は、一番大きい数と一番小さい数の和の2倍した数になっていること」も考えⒷから証明できることを確認した。この場面のように、働かせた見方・考え方や活用した既習内容を板書を使って強調し整理することで、生徒に問題解決を通して働かせた見方・考え方をメタ認知させることができる。そうすることで、新たな問題に取り組むときにも、その見方・考え方を働かせるようになっていくことができると考える。

【④の場面】
　この場面では、条件を変えた同系統の問題を設定した。条件をある程度自由に生徒に変えさせてオープンエンドのような問題に取り組ませてもよかったが、学習目標の達成度を評価するという目的があったので、教師主導で条件を変えた。問題を提示するときは、結論は伏せて示した。「連続する5つの自然数では、どのようなきまりがあるかな？」と問うと、「真ん中の数を8倍する」や「一番大きい数と一番小さい数の和を4倍する」という意見が出た。前の問題と同じように具体的な数で確かめさせた後、個々に証明に取り組ませた。ほぼ全員の生徒が前の問題の共通点や相違点に着目しながら、前の問題の解法と同じように考え、問題を解決することができていた。最後に、評価をするために、ノートを回収し、授業を終えた。

(4) 授業実践を通して
　生徒から回収したノートを見ると、ほぼ全員の生徒が本時の学習内容を生かし、条件を変えた問題も解決をすることができており、本時の学習目標を達成することができたと考えられる。
　このように、見方・考え方を働かせている生徒の姿を明確にしたことで、解決が進んでいない生徒のつまずきを把握しやすくなり、適切な支援をすることができたと考える。さらに、本時働かせた見方・考え方は、文字を用いた式の他の証明を進めていく上でも活用できる、汎用的なものであると考えられる。今後は、見方・考え方を働かせている生徒の姿を具体化することを継続しながら、その姿と学習内容や授業展開との整合性について、研究を深めていきたい。
（教諭　島尾裕介・教諭　石川和義）

case 4

● 幼小中一貫教育

多様性社会の中で生きて働く力を育む
「躍動する感性」「レジリエンス」「横断的な知識」の基礎となる資質・能力の育成

広島大学附属三原学校園

新領域「光輝(かがやき)」を中心とした多様性社会で生きて働く力を育む取組

　本学校園は平成30年度より新たに文部科学省の研究開発学校の指定を受け研究・実践を行っている。研究開発課題は、「高度に競争的でグローバル化された多様性社会に適応するために求められる、3つの次元(躍動する感性・レジリエンス・横断的な知識)の基礎となる資質・能力を育成する幼小中一貫教育カリキュラムの研究開発」である。10年後、20年後、さらにその先の世で新たな問題や複雑な問題に取り組む際には、人間味あふれる感覚で前向きな価値観に基づいて行動しようとする姿勢「躍動する感性」で、困難な問題に出合っても粘り強くかつしなやかに対応できる「レジリエンス」をもち、既有の知識を活用できる「横断的な知識」が必要であると考える。そこで、道徳・特別活動及び総合的な学習の時間の全ての時数と各教科の4分の1程度を上限に含んだ新領域「光輝(かがやき)」を核とした幼小中一貫教育カリキュラ

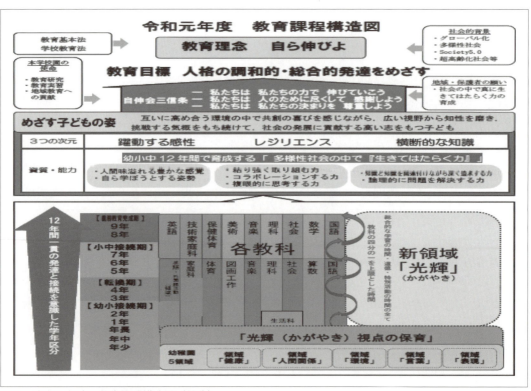

図1　令和元年度　教育課程構造図(部分)

ムの研究開発に取り組むことにした。

「光輝（かがやき）」に組み込んだ道徳の内容では「倫理的なことや行為の在り方」を考え、特別活動に関する内容では「自治」を学ぶ。「光輝（かがやき）」自体の活動では、学校生活や社会の問題について考えたり課題解決に向けて取り組んだりすることを通して、自分の生き方を考える。各教科においても３つの次元の基礎となる資質・能力を育成することが必要であり、各教科の見方・考え方を働かせた授業を構想する中で、３つの次元につながる見方・考え方の具体を設定・実践することを通して、なぜ、各教科を学ぶのか、教科を通してどのような資質・能力が身に付くのかという、教科を学ぶ本質的な意義も明らかにしたいと考えている。

３つの次元の基礎となる資質・能力

図１に示すように「めざす子どもの姿」及び３つの次元「躍動する感性」「レジリエンス」「横断的な知識」それぞれに基礎となる資質・能力を設定している。そして、各々の資質・能力に関して発達段階に即して系統表を作成し、実践・修正を継続している。

「光輝（かがやき）」実践例

３つの次元「躍動する感性」「レジリエンス」「横断的な知識」それぞれの基礎となる資質・能力の育成を意図した実践を紹介する。

【実践例１】幼小接続期　接続カリキュラムを意識した取組

〈１年「しょうがっこうって　たのしいよ」４〜５月　34時間〉

本実践は、入学間もない子どもたちを小学校生活に単に適応させるのではなく、自らが意欲的に生活や学習をつくっていく態度を育成することを意図したものである。本単元の特徴に関して２点述べる。

（１）子どもの思いや願いを基にした単元構成

学校生活に対して抱いている気持ちを学級で交流し、不安を取り除いたり乗り越えたりするためにどんなことを行うか、楽しみにしていることやチャレンジしたいことについて、担任がリードしながら話し合い、学習の目標や大まかな計画を立てた。そして、活動を行っては「学びの地図（わくわくまっぷ、どきどき　まっぷ）」（子どもたちの思いや願いから設定した目標及び取り組みたい活動を記載した掲示物）を見て、振り返りを行うことを繰り返した。このようにして自分たちの必要感や期待

から学習を進めていると実感することは、子どもたちに「自ら学ぼうとする姿勢」を育む。そして、不安な気持ちを抱いていたことに対して、仲間とともに話し合ったり活動したりして乗り越えたとい

表１　単元計画　概要　実践例１

単元計画　概要
【　】…関連教科
１　個々の思い・願いから学級全体の目標設定・計画立案　５時間
○小学校生活でワクワク・ドキドキしていることの交流
○「学びの地図（目標・活動内容）」の作成
２　ドキドキ（不安）を乗り越える取組　12時間
○自分でできるよ　・学校生活のルール・給食準備片付け・登下校【生活】
○友達をふやそう　・自己紹介・かかわり合いが持てる遊び【国語・体育】
○勉強は楽しいよ　・音読・発表・鉛筆の持ち方や姿勢・宿題の仕方【国語】
３　ワクワク（期待していること）にチャレンジ　15時間
○学校たんけん【生活】
○さらにチャレンジ　・しぜんあそび・すなばあそび・ゆうぐあそび【生活・図工・体育】
４　振り返り・新たにチャレンジしたいことの交流　２時間

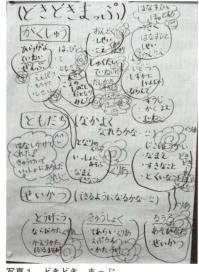

写真１　どきどき　まっぷ

学校教育・実践ライブラリ〈Vol.6〉　35

case 4

う経験は、「粘り強く取り組む力」や「コラボレーションする力」を育むことにつながる。

(2) 就学前の体験を生かす支援

この単元は、生活面と教科学習を総合的に扱っている。その中には、当番や係の活動も含まれる。給食当番で、どのようにすれば落ちや重なりなく配膳できるかという問題が生じた。その際、子どもたちは就学前の経験を想起し、自ら改善策を話し合った。これは「知識と知識を関連付けながら深く追求する力」を育むことにつながる姿である。また、生活場面の課題解決に向けて取り組んでいる姿でもある。このような体験の積み重ねが、社会の発展に貢献する志をもつ子どもの育成につながる。子どもたちの経験を引き出すためには、

- 子どもの気持ちに寄り添う
- 子どもたち同士のかかわりが生まれるように様子を適切に捉え、「待つ」「声をかける」
- 子どもの言動の背景を尋ね、これまでの経験を生かしていることや目標の実現に向けて取り組んでいることを称賛し、自覚化を図る

といったことが大切である。

【実践例2】小中接続期　教科「社会科」と関連した取組
〈6年「海洋国家　日本の未来」6～11月　20時間〉

本実践は、海洋国家としての日本の将来におけるエネルギー問題について考察する単元である。本単元の特徴に関して3点述べる。

(1) 社会科と関連した単元構成

5年生の社会科の「産業単元」と6年生社会科の「歴史単元」「公民単元」とのつながりで本単元は構成されている。このことが、教科で学んだ事柄を既有の知識として用い、根拠に基づいて論理的に考えることを可能にしている。このことは、「論理的に問題を解決する力」の育成につながる。また、関連を図ることは子ども自身が身近な社会事象に目を向け、「自ら学ぼうとする姿勢」を喚起することにつながる。単元の導入では、5年生の際の既習事項を活用することで、自主的に調べたり聞き取りを行ったりする子どももいた。こ

表2　単元計画　概要　実践例2

単元計画　概要
【　】…関連教科
1　私たちの暮らしと石油　5時間　5～6月
○1次エネルギーと2次エネルギー
○エネルギー資源と原料としての石油
○中東諸国と我が国の関係【社会】
2　石油と先人の働き　4時間　7月
○我が国の油田開発
○欧米企業に独占される石油
○日章丸事件　※道徳
3　石油を求めた戦争　5時間　11月
○太平洋戦争と石油【社会】
○日本商船隊の壊滅【社会】
○持たざる国　日本のはたらき　※道徳【社会】
4　海洋資源国家への道　6時間　12月
○喜入石油基地
○石油基地とタンカー
○海洋資源開発と我が国の未来

のような活動を通して、「石油と暮らし」を捉えた際に、「石油が途絶えたら？」という問題を子どもたちが必然的に見出すことができた。

(2) レジリエンスの育成

困難な状況を体験しそれを実際に乗り越えることでレジリエンスを育成する方法もあるが、本単元では生き方から学べるように単元を構成した。具体的には、第2次の「日章丸事件」で扱った。出光佐三の働きから、粘り強く取り組む力や柔軟性をもった考え方に学べるようにした。

(3) 「海運」

新たな視点として「海運」を入れている。これは、我が国は、貿易で成り立っていることを意識づける目的もあり、我が国は「海」とのつながりなくしては成立しない国家であることを捉えさせるためである。

【実践例3】義務教育完成期SDGsを題材にした学びの融合を図る取組
〈9年「SDGs個人研究入門：研究課題を見つけよう」4～7月　54時間〉

本実践では、SDGsを題材に個人研究を進めていく。年間計画の概要は表3のとおりである。ここでは、計画及び7月までの実践から3点に関して述べる。

[特集] 先進事例にみるこれからの授業づくり
〜「見方・考え方」を踏まえた単元・指導案〜

■ case 4 ■

多様性社会の中で生きて働く力を育む

(1)「レジリエンス」「横断的な知識」育成に適している題材としてのSDGs

　SDGs（持続可能な開発目標）は17の目標で構成されており、独立したものではなく相互に関連している。ある目標を達成するには、他の複数の目標を達成する必要がある。その他の目標を無視して一つの目標に重点化して取り組もうとすると、そのことがその他の目標達成の阻害要因となる。このようにSDGsは、その問題の複雑さや達成の困難さから、生徒の「レジリエンス」や「横断的な知識」を培うのに適した学習題材と言える。

(2) 各教科との関連　内容・運用

　教科別SDGs学習は、5月中旬から6月中旬までの期間で、教科担当者が、授業で扱うSDGsの内容、指導時期、授業時数について自由裁量で取り組んだ。各教科の内容は**表4**のとおりである。教科担当者にはSDGsに関する内容で日々の授業進度に支障のない程度で依頼したこともあり、教員側からは実施が難しいという声は上がらなかった。加えて、現行の教科書でもSDGsに関わる題材はいくつかあったため、指導開始時期を早めさえすれば教科書を使って無理なく対応できることが分かった。

(3) 生徒にとってのSDGs

　生徒は、SDGs月間ということで日々の授業とは異なる雰囲気で新鮮な気持ちで授業に参加している様子であった。SDGsで扱う内容は国内外の実社会を取り上げた生きた題材であり、かつ、SDGsでは多様で広範囲な話題を取り上げられることから、生徒にとって何かしら興味が湧く話題があり、指導・学習の両面で扱いやすいことが分かった。

　本稿では、新領域「光輝（かがやき）」の基本理念と実践例について述べた。社会的自立の基礎となる資質・能力（キャリアプランニング能力、人間関係形成能力・社会形成能力、課題対応能力）及び態度・価値観（自律、共生、参画）の育成に関しての研究実践については、『幼小中一貫教育で育む資質・能力　自ら伸びる子どもを育てる』（広島大学附属三原学校園編、ぎょうせい）にまとめている。こちらも参照していただければ幸いである。

（小学校副校長　石井信孝）

表3　年間計画　概要　実践例3

年間計画　概要

1　導入期　32時間　5〜6月
　○SDGsガイダンス
　○教科別SDGs学習
2　研究課題設定期　17時間　6〜7月
　○テーマ設定に関するガイダンス
　○ウィキサーフィンで見つけたキーワードをマインドマップで整理
　○教員との面接（興味関心・研究分野の説明）
　○論文検索、書籍検索、大学図書館での論文検索・書籍閲覧
3　計画作成期　8時間＋夏休み　7〜8月
　○計画書作成　○中間発表
4　資料収集　4時間＋夏休み　7〜9月
　○コア書籍の熟読
　○フィールドワーク　○調べ学習
5　論文作成期　8時間　9〜11月
　○論文構成と論文作成のルールを知る
　○論文作成
6　発表準備期　10時間　11〜12月
　○プレゼン資料作成　○発表

表4　教科別SDGsの内容・時間

教科	学習内容
国語	○ジェンダー平等を実現しよう（3時間） ・女性差別について考える ・平等と公平について考える
社会	○貧困をなくそう（2時間） ・新聞記事の読み取り方について学ぶ ・貧困の輪を切ってみよう
数学	○安全な水とトイレを世界に（2時間） ・下水道の設置経路を考える（グラフ理論） ・下水処理場の設置場所を考える（フェルマー点）
理科	○飢餓をなくそう、つくる責任つかう責任、産業と技術革新の基盤を作ろう（5時間） ・培養肉ハンバーグが世界に与える影響 ・ゲノム編集が世界に与える影響 ・IoTの電源問題
家庭	○人や国の不平等をなくそう（1時間） ・誰が作っているの？ーファッションレボリューションについて
音楽	○産業と技術革新の基盤を作ろう（6時間） ・メディア（CM）で使用されている音楽の効果を考える ・SDGsを伝えるCMを作ろう
美術	○住み続けられるまちづくりを、つくる責任つかう責任（2時間） ・エコデザインとサステナブルデザイン ・伝えるデザイン：ピクトグラム
保健体育	○すべての人に健康と福祉を（1時間） ・すべての人に健康と福祉をもたらすには何が必要か
英語	○ジェンダー平等を実現しよう（5時間） ・サウジアラビアにおけるジェンダー問題について理解する ・日本国内におけるジェンダー問題について考える

実務から教養まで。新教育課程に向けて、今なにをすべきかがわかる待望のシリーズ！

スクールリーダーのための12のメソッド

学校教育・実践ライブラリ

A4判、本文100頁（巻頭カラー4頁・本文2色／1色刷り）

ぎょうせい／編

各 巻 定 価（本体1,350円＋税）各巻送料215円
セット定価（本体16,200円＋税）送料サービス

2019年4月より
毎月下旬発行
全12巻

現場感覚で多彩な情報を発信

日々の学校づくり・授業づくりをみがく理論と実践のシリーズ

最重要課題を深く掘り下げる　各月特集テーマ

- ①（4月配本）**学校の教育目標を考えてみよう** ～学校目標から学級目標まで～
- ②（5月配本）**評価と指導** ～全面実施直前・各教科等の取組課題～
- ③（6月配本）**これからの通知表のあり方・作り方を考える**
- ④（7月配本）**働き方で学校を変える** ～やりがいをつくる職場づくり～
- ⑤（8月配本）**校内研修を変えよう**
- ⑥（9月配本）**先進事例にみるこれからの授業づくり** ～「見方・考え方」を踏まえた単元・指導案～
- ⑦（10月配本）**思考ツールの生かし方・取組み方** ～授業を「アクティブ」にする方法～
- ⑧（11月配本）**気になる子供への指導と支援** ～特別支援教育のこれから～
- ⑨（12月配本）**特別活動のアクティブ・ラーニング**
- ⑩（1月配本）**総合的な学習のこれからを考える**
- ⑪（2月配本）**英語・道徳の総チェック** ～全面実施の備えは万全か～
- ⑫（3月配本）**新課程の学校経営計画はこうつくる**

＊各月特集テーマは変更する場合があります。送料は2019年9月時点の料金です。

●本書の特長●

① "みんなで創る"
授業づくり、学校づくり、子供理解、保護者対応、働き方……。
全国の現場の声から、ともに教育課題を考えるフォーラム型誌面。

② "実務に役立つ"
評価の文例、校長講話、学級経営、単元づくりなど、現場の「困った!」に応える、
分かりやすい・取り組みやすい方策や実例を提案。

③ "教養が身に付く"
単元とは、ユニバーサルデザインとは、など実践の土台となる基礎知識から、
著名人のエッセイまで、教養コーナーも充実。実践はもちろん教養・癒しも、この1冊でカバー。

●充実の連載ラインナップ●

創る create
- 田村学の新課程往来【田村　学〈國學院大學教授〉】
- 学びを起こす授業研究【村川雅弘〈甲南女子大学教授〉】
- 講座　単元を創る【齊藤一弥〈島根県立大学教授〉】　ほか

つながる connect
- UD思考で支援の扉を開く　私の支援者手帳から【小栗正幸〈特別支援教育ネット代表〉】
- 学び手を育てる対話力【石井順治〈東海国語教育を学ぶ会顧問〉】
- ユーモア詩でつづる学級歳時記【増田修治〈白梅学園大学教授〉】　ほか

知る knowledge
- 解決！ ライブラちゃんのこれって常識？ 学校のあれこれ
- 本の森・知恵の泉【飯田　稔〈千葉経済大学短期大学部名誉教授〉】
- リーダーから始めよう！ 元気な職場をつくるためのメンタルケア入門【奥田弘美〈精神科医・産業医〉】

ハイタッチな時空間を味わう
- [カラー・フォトエッセイ] Hands～手から始まる物語～【関　健作〈フリーフォトグラファー〉】
- [エッセイ] 離島に恋して！【鯨本あつこ〈NPO法人離島経済新聞社統括編集長〉】
- [校長エッセイ] 私の一品〈各地の校長によるリレーエッセイ〉

＊連載等の内容は変更する場合があります。

●全国の先生方の声を毎月お届け●

ワンテーマ・フォーラム──現場で考えるこれからの教育

旬のテーマについて毎回、4～5名の教職員が意見や想いを寄稿。
他校の取組のリアルや、各地の仲間の生の声が日々の実践を勇気づけます。

テーマ例
- 今年頑張りたいこと、今年のうちにやっておきたいこと（4月配本）
- 地域を生かす学校づくり・授業づくり（6月配本）
- 外国語（活動）──うまみと泣きどころ（7月配本）
- 子どもの感性にふれるとき（10月配本）

●お問い合わせ・お申し込み先
㈱ぎょうせい
〒136-8575 東京都江東区新木場1-18-11
TEL：0120-953-431/FAX：0120-953-495
URL：https://shop.gyosei.jp

解決！ライブラちゃんの
これって常識？ 学校のあれこれ

会社ではないのにどうして学校「経営」と言うの？ [前編]

　ライブラちゃんは、職員室に行くと校長先生が「ガッコウケイエイ」という言葉を何度も口にするのを耳にしました。「ケイエイ」といえば、本屋さんではたいていビジネスの棚にあるようです。テレビでも、「ケイエイ」の話になるとほとんど会社の社長さんが登場します。「なぜ、会社でもないのに『ケイエイ』というんだろう」。ライブラちゃんは、『リーダーズ・ライブラリ』というシリーズ本で、学校経営に詳しい天笠茂・千葉大学特任教授を知り、先生に疑問をぶつけてみることにしました。そこでは、「ガッコウケイエイ」にまつわる、結構深い話を聞くことに……。

学校運営と学校経営の違い

　学校はかつてお上のもとに教育を行う場だったと言えます。教育の目標・計画などが国や教育委員会によって決められ、学校はそれに即して日々の教育活動を行うところでした。そうした姿を学校運営と言っていたわけです。ですから、国や教育委員会が作成する文書には「運営」という言葉が用いられていたと考えられます。一方、校長が自主性・自律性をもって、主体的に目標を策定し、計画をつくって教育活動を行っていく姿を表したのが「経営」となります。ですから、「運営」は行政用語、「経営」は現場用語という見方もできますが、その一方で、決められた方針等に即して学校を動かしていくのか、あるいは自ら目標、計画を策定し、実践におろしていくのか、ということがその違いになるかと思います。

　さらに言えば、運営には「管理」という考えも深く位置付いていると思われます。むしろ、かつての日本の教育システムの中では、管理が重視されてきたきらいもありました。

　その意味で、管理、運営、経営が混在しつつ営まれ、時代の流れの中でその様相を変えながら現在に至っていると言えると思います。

　そして現在では、近代経営の発想から「マネジメント」と表現することが多くなってきました。これはPDCAという計画・実施・評価・改善といったサイクルをもち、人を組織し目的を達成するという考えの広まりによるものでしょう。

　もちろん、経営もマネジメントも、それが無意識に行われてきた面もあります。

　古くは、ピラミッドや古墳の造営なども、マネジメントによるものと言えますし、戦国武将の中にも経営を見ることができます。

　その意味で、管理、運営、経営、マネジメントは意図的・無意図的にしろ、それぞれの時代に混在した形で存在していたと言えるのです。

　ただ、今の教育を考える上でポイントとなるのは、経営もマネジメントも自覚的かつ意図的に行っていくことが求められる時代となっているということなのですね。

「学校経営」のルーツは大正時代!?

うーん、ちょっとむずかしい。
ところで、学校経営というのは、
いつごろから言われ出したの?

　管理があり、運営があって、その後、経営という考えが出てきたとも言えますが、実は「学校経営」という言葉は古くからあります。

　それは、大正期にまでさかのぼります。師範学校やその附属学校では、大正時代にすでに、意図的・意識的に「学校経営」という言葉を使うようになります。それは昭和初期に『学校経営新研究』（小林佐源治著、目黒書店、1929年）や『学校経営言論』（北澤種一著、東洋図書、1931年）といった著作が公刊されたことなどに見られます。

　大正自由教育がうたわれたこの時代は、教師中心の授業から子供中心の学びへの転換を目指されましたが、現場の自主性・自律性を求めた学校経営もこの時代を映すものであったかと思われます。

　ただ、この時代には、明治後期からいわれた「学級経営」の方が注目度は大きかったようです。大正元年に当たる1912年には、茨城県女子師範学校附属小学校による『学級経営』（澤正著、弘道館、1912年）が刊行されています。

ふーん、
学校経営より学級経営の方が
早かったんだ。

　この時代は学級経営を束ねたものとして学校経営があったと思われます。つまり、学級経営と学校経営は同義のものとして捉えられており、授業と経営は密接な関係であったのですね。

　これは昭和の時代になっても引き継がれていきました。斎藤喜博や伊藤功一などは、授業論を語れる校長であり、授業をベースにした学校づくりを行った人たちです。

　ただ、こうした流れは、もともと師範学校の文化によってもたらされた部分が強く、一般の学校では、学級経営が中心であり、それを下支えとして管理・運営を行うというのが、多くの姿でありました。その意味で、現在のような学校経営を執り行っていく発想には乏しかった時代と言えるかもしれません。

　次回は、平成の校長の群像を少しひも解きながら、これからの校長のあり方について考えてみたいと思います。

なんとか付いていきます。
よろしくお願いします。

天笠　茂 先生

昭和25年生。筑波大学大学院博士課程単位取得退学。千葉大学教授を経て平成28年より現職。専門は学校経営学、教育経営学など。中央教育審議会をはじめ各種委員等を務める。主著に『学校経営の戦略と手法』など。

本の森・知恵の泉
[第6回]

今こそ追求したい "生きるための問い"
『君たちはどう生きるか』

 ### コペル君と叔父さん

　コペル君とは、叔父さんが本田潤一君につけたあだ名。地動説のコペルニクスを縮めてコペル君と呼んでいる。潤一君（コペル君）は、旧制中学校の2年生。叔父さんは、潤一君の母親の弟で、大学を卒業して間もない法学士。本書の時代背景は、昭和初期と読みたい。東京郊外に住む人たちであろう。

　『君たちはどう生きるか』が、日本少国民文庫（全16巻）の1冊として刊行されたのは、1937（昭和12）年のこと。潤一君は、当時の都会の中学生。電車で通学するから定期券、それに腕時計、万年筆を身に付けていたはず。当時のエリート層と見たらい。旧制中学校は、義務教育の学校でないのだから……。法学士の叔父さんも、当時の上層だ。

　著者・吉野源三郎（1981年没）は、児童文学者・編集者で、第2次世界大戦後に雑誌『世界』編集長として活躍した人でもある。

 ### 「油揚事件」と勇ましき友

　潤一君の学級には、浦川君がいる。場末の豆腐屋の子息で、弁当の副菜はいつも油揚。当時の都会の中学生としては、やや異色であるか。家業を手伝って、気弱だが真面目に通学していることは、なによりでないか。

　この浦川君を見下げて、「油揚」とからかう級友の雰囲気。その主謀者は山口である。顔を赤くする、恥ずかし気の浦川君と、意地悪い態度の山口。潤一君は、浦川君に同情していた。その時だ。山口の態度の酷さに憤慨した北見君が、「弱い者いじめはよせ」と山口に飛びかかっていった。北見君は、潤一君の親友。山口を押さえつけて馬乗りになる。学級全員は、総立ちになって周りに集まる。

　浦川君は、「そんなにしなくてもいいんだよ。ゆるしてやってくれよ」と、北見君に声をかける。泣きそうな声でだ。事の経過の審判は、担任の先生からだ。その日の放課後行われた。

 ### 叔父さんのノートブック

　油揚事件のことを潤一君から聞いた叔父さんは、「真実の経験について」と題して、ノートブックにコメントする。これが10ページにわたる。叔父さんのノートの形をとりながら、潤一君を通して読者に、ヒューマニズムや世界のこと、生き方などを語りかけるのが本書の特徴。コメントの要点は、次のようにまとめておく。

① 「油揚事件」で、何が潤一を感動させたのか。なぜ、北見君の抗議が君を感動させたのか。人間としての立派さではないか。

② 山口をやっつけた北見君を、懸命に止めている浦川君を見て、心が動かされたのはなぜか。浦川君の寛大な心に、気づいてほしい。

　私は、約70年前に本書に初めて接した。剛健の徳、破邪の意気で育ったから、この北見君の行動に共感した。それが、当時の生徒文化である。今、それはどこにいってしまったのだろう。この本が今読まれるのも、その辺りにあるか。山口のような生徒

いいだ・みのる　昭和8年東京・小石川生まれ。千葉大学で教育学を、法政大学で法律学を学ぶ。千葉大学教育学部附属小学校に28年間勤務。同校副校長を経て浦安市立浦安小学校長。62年4月より千葉経済大学短期大学部に勤務し教授、初等教育学科長を歴任。この間千葉大学、放送大学講師（いずれも非常勤）を務める。主著に『職員室の経営学』（ぎょうせい）、『知っておきたい教育法規』（光文書院）、『教師のちょっとしたマナーと常識』（学陽書房）、『伸びる芽育つ子』（明治図書）ほか共著・編著多数。

千葉経済大学短期大学部
名誉教授
飯田　稔

『君たちはどう生きるか』
吉野源三郎　著
マガジンハウス

は、往時もいたが、生徒集団の中心的存在でなかった。中心になるはずもない。

 ## 「人間であるからには」のノート

　4章の「貧しき友」に、目を移そう。浦川君が風邪引きで欠席続きとなる。それを案じた潤一君は、見舞いに浦川君の家（豆腐屋）を訪れる。浦川君は、店の手伝いをしながら、店の従業員の看病をしていたのだ。

　潤一君は、事情を察すると、学校の勉強の進度を詳しく語り教えて帰宅する。この日のことについて、「人間であるからには」―貧乏ということについて―と、17ページにわたって叔父さんはノートする。ノートの中には、生産と消費の関わりが語られる。

　私は、文庫本となった本書を、若い教師の頃に読み返している。この章で、貧富の問題を考えた。当時は多くの教師もまた、貧しい暮らしであったから……。そして、貧しい人を差別したり、侮る心をもってはならないと強く思った。教師には人に温かく接する心が大事ではないか。

 ## 雪の日の出来事

　潤一君は、「人間って、水の分子のようなもの」「すべての人が、互いに友達のような世の中にしなければ」と語る少年である。その潤一君は、大事件に直面する。

　上級生から、「生意気だ」「愛校心が乏しい」と親友北見君が雪の日に制裁を加えられたのだ。北見君をかばったのは、水谷君と浦川君。潤一君は、それを助けることも、止めることもできなかった。卑怯者であると、聞くまいと思っても聞こえてくる心の叫び。

　友との約束を守れなかった潤一君に、叔父さんは、「人間の悩みと、過ちと、偉大さについて」と、ノートで語りかける。いつも、新たな自信を生み出していこうと……。過ちは誰にでもあるのだから……。

　私は、最近本書を読み返して、この「雪の日の出来事」に、考えを及ぼした。見て見ぬ振り、助けようともしない自分。それが、私の心にも存在するから……。人間の弱さなどといって、平然としていられることではない。そうして、自分自身、社会、学校が問われているか。この本は、いつの世にも求められる1冊だと思う。だが、いささか時代の背景の変化が気がかり、そう思いつつ読んだ。それにしても、昭和戦前・戦中にどれだけの人が本書に接することができたか。それがわからないのだ。

リーダーから始めよう！
元気な職場をつくるためのメンタルケア入門 [第6回]

ストレスに対抗するための心の基礎体力づくり① 「食事」

精神科医（精神保健指定医）・
産業医（労働衛生コンサルタント）

奥田弘美

　同じストレスに対してもメンタルがダウンしてしまう人と、元気に乗り越えていける人が存在します。心がストレスに強いか弱いかについては、様々な要素が複雑に絡み合うために単純に論じることはできませんが、ストレスに対抗できる心の力をもっている人にはいくつかの共通点があることも確かです。そこで今回からは「心に、ストレスに対抗する体力をつける」というテーマでお話ししていきたいと思います。

　第1回目の今回は、食生活についてです。

　「心と食生活？　関係あるの？」と感じる方も多いでしょうが、実は心と身体のエネルギーは大きく相関しています。心の働きの多くは脳が司っていますが、その脳が栄養としているのは、身体が栄養としているのと同じ「食事」です。そもそも脳自体が、筋肉、内臓、骨などといった体の組織の一部であるわけですから、当たり前といえば当たり前のことです。しかし不思議なことに、ほとんどの方が、心と身体を切り離して考える傾向があります。

　栄養不足となり疲労困憊している脳では、前向きな意欲や思考、イキイキした行動力が沸き上がるはずがないのです。このように考えていくと、ストレスに強い心の体力をつくろうと思えば、体の栄養を整えて体力をつけなければいけないことがわかると思います。

　まずは心と体の健康を維持するために重要な栄養の知識を、簡単に御紹介しますので、ぜひ頭に入れていただきたいと思います。

①タンパク質

　身体の根本的な栄養源となっているのは、タンパク質です。冷静な思考や判断力を作り出すセロトニン、意欲を作り出すドーパミンといった脳内物質の主原料も全てこのタンパク質が基本です。もちろん体の体力を維持し疲労を回復するためにも、筋肉や免疫物質、血液などの原材料であるタンパク質は欠かせません。

　基本的に成人男女が1日に必要なタンパク質は、50gとされています。ただし、これは肉50g、魚50gというようなことではなく、純粋なタンパク質だけにした正味量です。食品に換算すると、1日当たり手のひらに乗るぐらいのタンパク質食品3～4個分は最低必要となります。手のひら1つ分に相当するタンパク質は、卵なら1個、赤身肉なら約80g前後、魚なら大き目の切り身1つ程度、納豆なら50gパック1個程度、豆腐なら半丁程度となります。働く世代には、肉、魚、卵といった動物性タンパク質が特に重要です。できるだけ多種類のタンパク質を組み合わせ、1日に手のひら3～4個分はしっかりと食べましょう。

②糖質・炭水化物

　ブドウ糖は脳の唯一のエネルギー源です。そのためストレスがかかると脳が疲労感を覚え、ブドウ糖の即効的供給源となる炭水化物や糖質が欲しくなってきます。このことからも、ご飯やパン、麺などの炭水化物・糖質は過剰に控えることなくきちんと摂取して、脳にエネルギーを送ってあげることが大切です（低糖質ダイエットが流行していますが、朝食・昼食の糖質を控えすぎると思考力や意欲に悪影響があることも指摘されていますので、もし低糖質にするのであれば夕食のみにした方が安全です）。

　炭水化物・糖質の基本的な量は体格や運動量によって異なりますが、デスクワークなど軽労働の成人であれば、毎食ごはん軽く1膳（150g前後）または食パン6枚切り1枚程度は食べた方がよいで

●おくだ・ひろみ　平成４年山口大学医学部卒業。都内クリニックでの診療および18か所の企業での産業医業務を通じて老若男女の心身のケアに携わっている。著書には『自分の体をお世話しよう〜子どもと育てるセルフケアの心〜』（ぎょうせい）、『１分間どこでもマインドフルネス』（日本能率協会マネジメントセンター）など多数。

しょう。

③緑黄色野菜・海草・果物類

　先述したタンパク質や炭水化物・糖質を生体が充分に消化・吸収し栄養として利用していくためには、ビタミン、ミネラルの働きが不可欠です。このビタミン・ミネラルの供給源が野菜、海草、果物類です。特に野菜でも、ほうれん草、人参、ピーマン、ブロッコリー等に代表される緑黄色野菜は各種ビタミンの宝庫です。また海草には、カルシウム、ヨードなどのミネラル類がたっぷり含まれています。できれば毎食、緑黄色野菜中心の野菜にできるだけ海草類も取り混ぜて、タンパク質、炭水化物・糖質と一緒に摂取したいものです。食べる量の目安は、生野菜（サラダ）ならば両手のひら一杯分、茹でた野菜（おひたしや煮物など）ならば片手のひら１杯分と覚えておくと便利です。

　ただし野菜類で注意が必要なのは、イモ類（じゃがいも、さつまいも、サトイモ）、コーンなど。これらは炭水化物がメインですので、炭水化物のグループとして考えてください。

　また果物もビタミン・ミネラルを含みますが、果糖が含まれるためカロリーが総じて高めです。炭水化物と野菜類のミックス食品と捉えてください。多量に食べるとカロリーオーバーになるため、時間のない朝食や昼食、間食などに活用すればいいでしょう。

●オススメ・外食の食べ方＆レシピ

　ストレスに関連した重要な栄養の知識がついたところで、次に具体的な食べ方を考えていきましょう。どうしてもコンビニやファストフード類などの外食に頼らざるをえない方のための参考にしていただけ

ればと思います。

① 　カップ麺、菓子パン、弁当などコンビニ食品で済ませるときは、同じ店内で手に入る生野菜サラダやおひたし・煮物などの野菜の惣菜をプラスする。もしなければ野菜ジュースを追加しましょう。また、麺類、パン類、おにぎりなどの、タンパク質が不足しているメニューには、同じく店内で手に入るゆで卵やチーズ、かまぼこ、ソーセージ、おでん（練り製品、卵、厚揚げ）などを利用しましょう。

② 　食堂などで、うどんや蕎麦、カレー、ラーメンなどの軽食ですませるときは、具にタンパク質（卵や油揚げ、にしん、肉など）がたっぷり乗ったものを選び、かつ野菜の小鉢やサラダを一品追加する。店になければ野菜ジュースをあとで飲んでおくとよいでしょう。

③ 　飲み会には、和風居酒屋がおすすめです。脂っこくない刺身や焼き鳥、冷奴などの良質なタンパク質メニューが豊富。また大抵の居酒屋ではサラダが注文できますし、しし唐の素焼き、野菜炒めなどの野菜メニューも比較的豊富です。すし屋などでサラダが手に入らない場合は、もずく酢やきゅうりの酢の物などをプラスするとよいでしょう。刺身のつまは、大根やシソの葉、海草といった野菜類なので残さず食べてください。

④ 　野菜が不足しているメニューのあとのデザートには、みかんやリンゴといった果物がお勧めです。野菜ジュースもデスクやカバンに常備しておくと、いつでも手軽に野菜不足を補えます。

田村 学の
新課程往来
[第6回]

対話のある授業と子供

　子供は、一人で個別に学ぶことよりも、対話のある学び合いの授業を好むとともに、そうした学び合いを積極的に取り入れる教師、学び合いを確かな学びとして構成できる教師に指導してほしいと願っています。子供は、単に対話が取り入れられる授業を望むだけではなく、子供同士の学び合いを通して、対話の中に豊かな学びの成立する授業を期待しており、そうした授業を実現できる教師を信頼するのでしょう。

対話のある豊かな学びが成立する授業

　対話のある授業が一人一人の子供にとって魅力的だとはいうものの、一方で、ただのおしゃべりとなっていて学習内容と関係がない対話、賑やかにしているだけで高まりのない対話になっていないかと心配になることがあります。表面的なペアの話し合いや形だけのトリオの意見交換などを、ただ行っていればよいというわけではありません。このことは、子供にとっても教師にとっても、喜びや楽しさを実感する重大なポイントと考えるべきでしょう。

　対話のある授業は、次の二つの意味で必要なのです。

　一つは、対話が行われることで、学びに主体的に向かう姿が生まれてくることです。対話とは、双方向の相互作用です。私たちは、自分の考えが相手に伝わり、相手がそれを受け入れてくれることに喜びを覚えます。対話は、私たちが自ら行いたくなる性質を本質的に備えているのです。

　もう一つは、対話によって、物事に対する深い理解が生まれやすくなることです。他者とのやり取りを通して、自分一人で取り組むよりも多様な情報が入ってくる可能性があります。また、相手に伝えようと説明することで、自分の考えを確かにしたり、構造化したりすることにもつながります。対話を通して、一人では生み出せなかった智恵が出たり、新たな知がクリエイトされたりするよさがあることを大切にしたいと思います。

　「友達と話し合っているけど、先生にやらされているだけで全然おもしろくない」と子供が考えていたり、楽しそうに話し合っていても、期待する内容へと高まっていなかったりするようでは、期待される対話のある授業とは言えないことになります。対話のある授業によって、学習に前向きに取り組むとともに、資質・能力が育成され、学習内容が深く理解されることが欠かせないと考えるべきでしょう。

　また、対話のある授業というと、どうしても教室の中で行われるというイメージになりがちです。しかし、子供の学びは教室でクラスメイトとともにあるだけではなく、空間的に広げることも大事なのです。様々な人とのやり取りによって子供が獲得する情報は、より多様になるはずです。対話をする対象を、豊かに広げて考えることも大切になります。つまり、目の前の子供同士で話をするだけではない、多様な他者との対話のイメージをもつことも、学習を豊かで意味のあるものにしていくのではないでしょうか。

　こうした対話のある豊かな学び合いが実現する授

たむら・まなぶ　1962年新潟県生まれ。新潟大学卒業。上越市立大手町小学校、上越教育大学附属小学校で生活科・総合的な学習の時間を実践、カリキュラム研究に取り組む。2005年4月より文部科学省へ転じ生活科・総合的な学習の時間担当の教科調査官、15年より視学官、17年より現職。主著書に『思考ツールの授業』（小学館）、『授業を磨く』（東洋館）、『平成29年改訂 小学校教育課程実践講座　総合的な学習の時間』（ぎょうせい）など。

田村　学
國學院大學教授

業は、小学校のみではなく、中学校や高等学校においても欠かすことのできない授業の要件と考えるべきです。なぜなら、中・高等学校では、これまであまりにも子供が受け身になる教師主導の授業を行っていたからであり、生徒は対話を求めているからです。

対話のある授業における教師の役割

こうした対話のある授業では、教師はどのような役割を担うのでしょう。

一言で言えば、教師は子供の学びの促進役になると考えます。一方的に教師が話していた授業に学び手同士の対話を取り入れるのですから、子供同士のやり取りを活発にするのが教師の重要な仕事ということになります。いわゆる、ファシリテーターです。教師中心の授業から、学習者中心の授業となるように、教師が発想を転換しなければなりません。

このことは、教師が明示的に指導することを否定するものではありません。必要に応じて知識や技能を伝達していくことも大切な教師の役割であることを忘れてはいけません。

一方、子供の学びを促進するためには、学びの場の状況や環境を整えることが重要です。人数によって対話の在り方は異なります。また、誰と話すかによっても変わります。もちろん、どこで行うかでも変わってくるでしょう。それらの状況や環境をどう整えるかで、子供の学びが促進されるかどうかが変

わってくるのです。

また、教師には、基本的に子供の学びを受け入れる姿勢が求められます。子供が学び、発してくるものを、教師は受け入れる。そのことが、活発に学ぶ子供の姿を具現します。

さらに言えば、子供の発言を受け入れながら、教師が子供の学びの価値付けをしていく。学びの意味を評価し、即座に子供にフィードバックしていく。そうすれば、子供に自分の学習の意味が伝わり、子供は手応えを感じ、納得して、次の学びへと向かっていくのです。

そのためにも、教師は、子供がどんな学びの状況にあるのかを見取ることが欠かせません。かつての一方通行の教授形式の授業では、子供たちを見取ることができなくてもやってこられました。しかし、対話のある授業は子供が主体です。「この子は今、どんな思いをもち、どんなことに関心があるのか。現在の知識の獲得の状況はどのようなのか」と教師が子供の学びを見取ることができないと、対話の中に豊かな学びが成立する授業を実現することはできません。

そうした教師力を全ての教師が身に付けられるのか、難しいのではないか、という不安の声もあるでしょう。しかし、多くの先生は子供のことが大好きで、子供を育てることに強い思いや情熱をもっている人ばかりです。対話のある授業を目指す取組がきっかけとなって、教師としての思いが触発され、新しい授業を確かに創造することにつながっていくはずです。おそらく、多くの教師に確かな指導力が身に付くものと期待しています。

続・校長室の カリキュラム・マネジメント ［第6回］

異質な若手にどう関わるか

東京学芸大学准教授
末松裕基

　今回も職場におけるコミュニケーションをどのように考えていくかということを検討してみたいと思います。

　職場でのコミュニケーション、もしくは、そもそも社会でのコミュニケーションというのは余裕がなくなればなくなるほど、本来は急いで考えずに、丁寧に豊かに行っていく必要がありますが、現状はどうでしょうか。

　だれしも余裕がなくなってくるほど、コミュニケーションを取っているつもりでも、自分の考えを押し付けたり、対話をしているようであっても、実は一方的なモノローグになっていたりすることも多いと思います。

　わたし自身、ついつい自分の判断や正しさを強引に相手に押し付け、推し進めようとしているなと反省することも多いです。

◆矛盾を肯定できるか

　コミュニケーションにおいて性急な問題解決を求めてしまう姿勢は、わたしたちの心の余裕に問題があるだけでなく、コミュニケーションを成立させている社会環境がそれらを条件づけていることも多々あります。そのため、私たちが置かれている社会環境、たとえば、どのようなメディアを通じてコミュニケーションを取っているかに目を向けない限り、コミュニケーションは改善しないとも言えます。

　先ほど話題に挙げた「対話」は英語だと「ダイアローグ」ですが、「ローグ」というのは、「ロゴス」を語源として「言葉」を意味し、「ダイア」というのは「〜を通して」という意味ですので、対話的なコミュニケーションを行いたいのであれば、「言葉」というメディアの使われ方に注目をしていく必要があります（前回の、本を読んで専門性を学ぶ意義は、ここにもあります）。

　興味深い学校体験をもち、独特の感性と洗練された品のあるデザインをする装丁家の矢萩多聞さんという方がいます。最近、自らが関わった図書の装丁をまとめた素敵な本を出されましたが、そのなかで彼は次のように述べています。

　　かんたんに言葉を投げつけて、人を傷つけ、断罪できるソーシャル・ネットワーキング・サービスではなく、「そんなこともあるよね」と人間の矛盾を肯定できるような生身の場所がほしい。

　　本は縁側みたいだ、と思う。一冊の本がきっかけになって見知らぬ人と出会う。なにげなくめくった一ページから会話がはじまる。本のまわりにはいつもにぎわいがあり、ちょこんと腰をおろせる場所がある。
　　　（『本の縁側』春風社、2019年、3-4頁）

　瞬発的な感情にまかせたコミュニケーションは短期的な視点でみると当人は心地よく状況を打破

●すえまつ・ひろき　専門は学校経営学。日本の学校経営改革、スクールリーダー育成をイギリスとの比較から研究している。編著書に『現代の学校を読み解く―学校の現在地と教育の未来』（春風社、2016）、『教育経営論』（学文社、2017）、共編著書に『未来をつかむ学級経営―学級のリアル・ロマン・キボウ』（学文社、2016）等。

するかのようにも思えますが、コミュニケーションというのは複数の他者を相手としたものですので、やはりそういう刹那的なやり取りでは、うまくいかないことが多いです。ましてや、学校という世界は、子どもを育てるという明確なゴールが見えない仕事を行う場ですし、それぞれの経験や背景に応じて、前提としている教育観が全く異なります。

経験の浅い若手教員が大量に採用され、多くの学校においてはこれまでの年齢構成や力量形成の環境が戦後のスタイルから大きく変化してきています。

若手は力量、経験がともに不足しているにもかかわらず、大量退職を受けたのちは、即戦力としての大きな期待を背負いさまざまに悩みを抱えながら日々を過ごしています。

さらに、向き合うべき子どもや家庭環境は従来以上に多様化、複雑化しています。

ぎりぎりの状態でプレッシャーを感じながら仕事をしていることも多いのではないかと思います。

採用倍率が実質的に相当程度下がっているのも事実ですので、いまの中堅層以上の時代よりも、質という点では明らかに落ちていることは否めません。ただ、そうだからといって、能力のなさや、場合によっては、人格を否定するような言動が飛び交う職場では人が育つことは期待できません。

この状況を正面から引き受けて、どのように異質な若手に関わっていくことができるでしょうか。

◆新人へのある配慮の例

写真家の植本一子さんという方がいます。最近のエッセイでは最も清新な文体だと感じ、彼女の著作を私は一気に読んだのですが（二児の母親として、子育てに悪戦苦闘する姿がかなりのリアリティで描かれています。実母との確執、末期癌と

向き合う夫、悩み多い子育てと写真家としての葛藤などが、日記の形でリアルに書かれています。最近の子育て、家族問題を考えるには最良の題材だと思い、学生や教員研修でもよく紹介しています。刊行の古い順から読まれることをおススメします）。

そんな彼女のエッセイに、知人の職場での話題が紹介されています。新入社員である知人・ミツくんは、職場の先輩から個人的な「福利厚生」として次のメッセージを送られたというのです。

　　勤続半年おめでとう！　仕事を頑張っているミツくんに、僕から個人的な福利厚生をプレゼントします。以下の４つから好きなものを選んでください。

1. 美味しい中華料理屋で呑み
2. ランチ三日分
3. 毎月僕のおすすめ本をプレゼント（六ヶ月分）
4. 肩たたき券

植本さんは「面白くて良い先輩に恵まれたんだな、と思うのと同時に、自分ならどうするだろう」と述べています（『台風一過』河出書房新社、2019年、166-167頁）。当のミツくんは、３の本のプレゼントを選んだそうです。

なかなか他者というのは簡単に理解できないものですし、あの手この手でコミュニケーションの方法を見出していくしかありません。

つまり、若手が現時点で有能かどうかということだけが職場で問題となるのではなく、若手を取り巻くコミュニケーションの環境がどのように充実し、具体的な配慮や工夫が周囲によっていかに考えられ、そこに存在するかということも問題になってよいということです。

ここがポイント！
学校現場の人材育成
[第6回]

学校現場におけるOJTによる人材育成
〈その3〉

●本稿のめあて●
前号でとりあげたOJTの実施に関して、今回は、学校で考えらえる実際の場面に即して、OJTを有効に進めるポイントについてみていきます。

OJTの実施の場面

　前号では、OJTの実施体制、計画の策定・実施や成果検証について紹介しました。OJTの実施に際しては、体制を整備して計画を策定することは大切ですが、組織的な体制を整備して計画策定だけで終始してしまっては、意味はありません。前号では、OJT実施について、育成される側が主体的にOJTに取り組めるように、常に意識付けを図るとともに、「育成する側が結果や答えをすぐに与えず、教員が自分で考える場面設定をしたり適切な問いかけをしたりして、教員自身の気付きを促すことが大切です」と述べました。

　今回は、都教育委員会が示したOJTを有効に進める場面に分けてそのポイントについて詳解します。山本五十六氏の名言である、「やってみせ、言って聞かせて、させてみせ、ほめてやらねば、人は動かじ」に通じるものがあります。

場面①：先輩や上司の日常的な助言や仕事ぶりから学ばせる

　この場面は、学校現場ではつくりやすいものです。具体的には、校長、副校長や先輩である主幹教諭・主任教諭又は先輩教諭などが自分の職務を行う中で仕事ぶりを見せ、OJT対象者が学び取るものです。ここでのポイントとしては、
①理由を理解させる
　育成する側は、指導する際に手順や方法を説明したり相手の不十分な点を指摘する場合、理由を丁寧に説明することに努めます。育成される側は意味が分からずに指示どおりに動くこともありますので、理由を理解させることが重要です。
②質問や報告を適時・適切に行わせる
　指導・助言の際は、相手に一方的に伝えるだけではいけません。分からない点を質問させたり確認の言葉が必要です。また、育成される教員に実践の途中経過などを報告させることにより、育成する側が次の対応を考えたり必要な助言を与えたりすることが効果的になります。
③見せてイメージを膨らませる
　適切な指導・助言を伝えたとしても、育成される側にとって具体的なイメージがつかめない場合は、行動にはつながりません。児童・生徒への指導方法を伝えるときは、言葉での説明を繰り返すより、実際の場面を見せた方が効果的な場合があります。また、資料や具体物などがあることによって、より正確により早く伝えることができます。この場合、ただ見せるだけではなく、相手が何に気付いたか、どう理解したかを確認する必要があります。
④相手の状況に合わせて段階的に教える
　意識的・計画的・継続的にOJTを行いますが、同じ経験年数の育成される側の教員であったとしても、それぞれの能力や資質は異なります。指導・助言が本人に理解されているかを確認したり一緒に振り返りを行うことが大切です。

場面②：新たな職務を経験させる

　それまで経験したことのない職務を担当させるこ

明海大学副学長
高野敬三

たかの・けいぞう　昭和29年新潟県生まれ。東京都立京橋高校教諭、東京都教育庁指導部高等学校教育指導課長、都立飛鳥高等学校長、東京都教育庁指導部長、東京都教育監・東京都教職員研修センター所長を歴任。平成27年から明海大学教授（教職課程担当）、平成28年度から現職、平成30年より明海大学外国語学部長、明海大学教職課程センター長、明海大学地域学校教育センター長を兼ねる。「不登校に関する調査研究協力者会議」委員、「教職課程コアカリキュラムの在り方に関する検討会議」委員、「中央教育審議会教員養成部会」委員（以上、文部科学省）を歴任。

とは、人材育成上の観点から極めて重要なことです。やみくもに経験させるのではなく、意識的・計画的・継続的に行うことが肝要です。同一分掌の中でより困難度や難易度の高い職務を経験させる、新たな分掌を経験させることなどが考えられます。ここでのポイントとしては、

①職務を経験させることの意義を自覚させる

　職務を通して教員に期待することを伝え、その職務が学校運営上どのような位置付けで、どんな役割を果たすのか、意義を考えさせます。それにより、育成される側は、自分への期待や役割が分かり意欲が向上します。

②課題を発見させる

　新たな職務を経験させる際には、その職務にどのような課題があるかを新たな視点で捉えさせます。方法は様々です。課題について説明する、前年度の学校評価から読み取らせることも工夫の一つです。

③提案させる

　口頭で伝えるだけのものであっても、その内容が職務についての方針や計画、方法、役割分担等に関するものであれば十分提案と言えます。提案させることは、学校運営上必要とされる様々な要素を考えなければできないものであり、育成の機会にもなります。

④実施後の成果や課題を確認させる

　育成する側が育成される側の教員に対し、「よかった点やうまくいかなかった点は何か」「それはどうしてか」「どうすればよりよくなるか」などを確認させます。口頭ないしは書面で行います。育成する側にとっても指導・助言の力を身に付けるためのOJTになります。

場面③：教員相互で学び合う場を活用する

　一人一人の教員の経験や能力が異なるため、同じ内容や課題に取り組んだ場合でもその理解度や成果はまちまちです。教員相互で学び合う場をOJTとしていくには、学年会や分掌部会等という場などを活用して、自分の職務上の課題との関連を明確に意識して臨ませることが重要です。ここでのポイントとしては、

①教員一人一人に自分の課題をもたせる

　育成する側は、その点を踏まえて、育成される側と話し合い、課題を認識させ、教員相互で学ぶ機会では、自己の目標や課題意識をもって参加させることが必要です。

②日常の授業や指導場面で実践させる

　育成される側が新たな発見、理解の深まりをもったとしても、それらを日々の授業や児童・生徒への指導場面において実践させることが必要です。育成する側は参観し、本人に成果と課題をフィードバックすることも大切です。

③教員一人一人に自分の役割をもたせる

　育成される側は、自分の役割や立場を意識して、OJTで学んできたことを踏まえて、学年会や分掌部会等で発言することが必要です。

④成果と課題を常に確認させる

　育成される側が、OJTを通じて力を身に付けていくためには、学年会や分掌部会などの話合いの中で、自分の実践を常に見直し次への改善につなげていくことが必要です。

紅葉

福岡県筑紫野市立原田小学校長　**手島宏樹**

10月の全校朝会です。
校舎に響き渡るような元気な声で、「返事」と「あいさつ」をしましょう。
「全校の皆さん」…「はい」
「おはようございます」…「おはようございます」
元気な返事と挨拶で10月がスタートしました。

スクリーンを見てください。
この写真は美しく紅葉したモミジです。
本当に見事な美しさです。
実は、こうして全体を見ると、とても美しいのですが、一枚一枚の葉っぱをよく見てみると、虫食いの跡があります。
大きく割れているところもあります。
ところどころ、黒ずんで汚れているところもあります。
こうして葉っぱを見ると、全体は赤やオレンジ、黄色に色づいていますが、どこかに、もう一息だなあと思うところがあります。

でも、そんな葉っぱがたくさん集まって、大きな一本の木になると、このようなとても美しい紅葉になるのです。
それぞれにもう一つだなあというところがある葉っぱだからこそ、たくさん集まると、不思議と全体が美しく見えてくるのです。
だからこそ、一枚一枚の葉っぱがとても大事なのです。

この葉っぱ一枚一枚を、全校の皆さん一人一人だと考えてみましょう。

お友達も葉っぱと同じで、一人一人をよく見ると、どの子にも何らかの苦手なことや不得意なこと等があります。
完璧な人間なんていません。
でもそんなお友達がこうして925名集まると、美しく紅葉した見事な原田っ子の木になります。
だから、皆さん一人一人は、無くてはならない大切な大切な存在なのです。
原田小にはいろいろなお友達がいます。
どの子にも、必ずたりないところがあります。
そして、必ず他の子どもにはない、きらりと光るよさがあります。

校長先生は、10月は、前期過ごしてきたお友達の
きらりと光るよさをたくさん見つけてほしいと思い
ます。

そして、そんなお友達を大切にして、いつも仲良
く助け合いながら、楽しく学校生活を送ってほしい
と思っています。

【講話のねらいとポイント】

10月になり、少しずつ木々が色づき始めてまいり
ます。紅葉（もみじ）を遠くから見ると大変美しく、
紅葉狩りをする方も多いと思います。私も福岡、九
州の紅葉の名所を巡ります。赤く染まった紅葉の葉
一片が川面に落ちて流れるさまなどとても素晴らし
いものです。

そんな紅葉ですが、その一葉一葉をよく見ると、
虫食いがあったり、割れ目があったりしています。
しかし、全体を見ると本当に美しい紅葉の木々です。
私たち人間も完璧な人はいません。何がしかの欠点
があるものです。しかし、集団としてまとまるとも
のすごい力を発揮し、人々に感動を与えることもよ
くあります。教育活動でいうなら、歌声発表会の合
唱であったり、運動会での組体操などでしょうか。
本校には、9月1日現在925名の原田っ子が在籍し
ています。一人一人を見ると苦手なことや不得意な
面ももっています。しかし、その一人一人はかけが
えのない原田小の宝物です。なくてはならない存在
です。その一人一人がキラリと光る個性を発揮し、
元気いっぱいに学習活動に取り組んでいます。そん
なお友達のよさをたくさん見つけてほしいと思い、
話をしました。

本校では、毎回、「全校の皆さん」…「はい」、「お
はようございます」…「おはようございます」の元
気いっぱいの返事と挨拶で校長先生の話をスタート
しています。

【10月の学校経営】

各学校では、後期の教育活動が始まったり、2学
期の教育活動の充実期を迎えている学校も多いと思
います。一年間の折り返しに差し掛かりました。学
校の教育目標の具現化に向けた中間評価の時期でも
あります。10月は学習面や生活面から「子どもが使
いこなせているか」という視点で学校経営を見直し
ていくよい機会だと思います。

それは、4月から指導してきた学校生活をする上
での基礎・基本がしっかりと身に付き転用できてい
るか、あるいは日常の学習で習得した知識・技能等
が活用できているかという視点です。

9月から11月にかけては、自然教室や修学旅行な
ど校外学習が実施される学校も多くあります。生活
の場所も変わるし状況も変わります。そんな校外で
の活動の場だからこそ、日頃、学校で培っている「元
気な挨拶」や「時間を守っての行動」等を、訪問す
る施設等でも「使いこなす」チャンスだと考えてい
ます。また、10月以降は、各学校での研究の成果を
研究発表会というスタイルで開催する学校も多くあ
ります。子どもたちが習得した知識・技能を駆使し
て課題解決を進めているか、各教科特有の見方・考
え方を働かせて深い学びをしているか等、「使いこな
す」という視点で授業を参観する良い機会だと思い
ます。

~わたしのGOODニュース~

爬虫類ハンター

加藤英明

　最近、子供たちから外来生物について質問されることが多くなりました。メディアや書籍などで度々紹介されるようになり、興味をもったのだと思います。もちろん、野外で子供たちが、カミツキガメやアカミミガメ、アライグマなどに出会うこともあります。川や池で小魚を捕まえると、その多くが北アメリカ原産でメダカに似たカダヤシであることも。外来生物は私たちの身近な環境に入り込み、日本の生き物と入れ替わりつつあります。これらの外来生物は、過去に愛玩用や農用で日本に持ち込まれ、野外に放されたり逸出したりしたものです。人の管理下から離れた生き物が、コントロールできなくなってしまい、大繁殖したのです。

　過去に外来生物は、海外由来の生き物を指すとされていました。もちろん、海外から持ち込まれた生き物は、全て外来生物です。これらを野外に放すことは、日本の生態系を変えることに繋がります。しかし、問題は海外由来の生き物に留まりません。国内の生き物でも、例えば沖縄や北海道の生き物を本州に持ち込めば、それは外来生物となり、遺棄や逸出しないようにしっかり管理しなければなりません。もちろん、身近な生き物でも、私たちが捕まえた生き物を他の地域に放すことは好ましくありません。生き物を動かすことは、自然分布によって形成された生き物の歴史と進化を変えてしまうことに繋がるからです。進化というものは常に起こっていて、人為的な生き物の移動は、人間がその生き物とそれに関わる生き物たち

生き物の取り扱いは慎重に！

の暮らしを変えることになり、結果として進化を変えてしまうことになります。近年は、人為的な遺伝子組み換えによって、発光クラゲの遺伝子をメダカに組み込んで、発光メダカを生み出すことにも成功しています。これらが野外に放されたらどうなるでしょうか。このように、人為的に生み出された生き物も外来生物であり、野外に入り込まないように、しっかり管理する必要があります。

　自然分布する生き物は在来生物であり、保全の対象となります。一方、人間の手によって動かされたり改良されたりした生き物は外来生物で、慎重な取り扱いを必要とします。実は、改良して生み出された野菜やお米など、食卓に並ぶ生き物の多くは外来生物であり、私たちは外来生物によって支えられています。外来生物は決して悪い生物なのではなく、私たちがしっかり管理しなければならない生き物なのです。私は保全生物学を専門としますが、その目的は、生き物の進化を守るためです。地球の長い歴史の中で自然分布によって誕生した生き物とその進化を妨げないように、私たちは利用する生き物を適切に管理する必要があります。

　今まで自分一人の力ではなかなか伝わりにくかった外来生物問題ですが、多くの方が関心をもつようになったおかげで、身近な川や池の状態を調べたり改善したりするようになりました。子供たちが生き物との正しい関わり方について学ぶ機会も多くなり、とてもうれしく感じます。

●Profile●

1979年静岡県に生まれる。静岡大学大学院教育学研究科修士課程修了後、岐阜大学大学院連合農学研究科博士課程修了、現在静岡大学教育学部講師。博士（農学）。保全生態学的研究を行いながら、学校や地域社会において環境教育活動を行っている。TBS系テレビ番組『クレイジージャーニー』をはじめテレビやラジオなどに出演し、幅広く活躍。

現場発！教職員一丸の学校づくりを実現する新発想！

「学校経営マンダラート」で創る新しいカリキュラム・マネジメント

大谷俊彦［著］

B5判・定価（本体2,000円＋税）送料300円 ＊送料は2019年6月時点の料金です。

カリマネ、資質・能力育成、チーム学校。新課程の諸課題に答えます！

◆「学校経営マンダラート」とは
アイデア発想法としてデザイン界で開発された「マンダラート」。ロサンゼルス・エンゼルスの大谷翔平選手が花巻東高時代に、自らの目標達成シートとして活用したことが大きな話題となっています。「学校経営マンダラート」は、これをカリキュラム・マネジメントに応用した独創的な「カリネマ」手法です。

◆「どのように役立つ」？
「学校経営マンダラート」の作成法、活用法、PDCAの手法などを詳細に解説。これに基づいて著者が校長として取り組んだ本山町立嶺北中学校の実践や成果を紹介。実践的・効果的な学校運営の手法を提案し、学校現場を強力にサポートします！

基礎・基本を踏まえ、実効のある授業づくりに
挑戦する、教師のためのサポートブック！

新教育課程を活かす　能力ベイスの授業づくり

齊藤一弥・高知県教育委員会［編著］

A4判・定価（本体2,300円＋税）送料350円
＊送料は2019年6月時点の料金です。

◆指導内容ありきの授業から、
「育てたい**資質・能力**」を起点とした授業へ！
学びの転換に求められる教師の
「勘どころ・知恵・技」を凝縮。

株式会社 ぎょうせい

フリーコール
TEL:0120-953-431［平日9〜17時］　FAX:0120-953-495
https://shop.gyosei.jp　ぎょうせいオンラインショップ　検索

〒136-8575　東京都江東区新木場1-18-11

変わる指導要録・通知表
新しい評価のポイントが「速」攻で「解」る!

2019年改訂　速解 新指導要録と「資質・能力」を育む評価

市川伸一 [編集]　東京大学大学院客員教授・中央教育審議会
教育課程部会児童生徒の学習評価に関するワーキンググループ主査

A5判・定価(本体1,800円＋税) 送料300円
＊送料は2019年6月時点の料金です。

- ◆ 新しい**学習評価のねらいは何か**。「**主体的・対話的で深い学び**」をどう見取るか。
- ◆ 新たな3観点「**知識・技能**」「**思考・判断・表現**」、そして「**主体的に学習に取り組む態度**」をどう評価するか。
- ◆ **指導要録の様式改訂**でどのように記述は変わるのか。

若手が"みるみる"育つ!
教師のライフコース研究からひもとく **若手育成の秘策**

若手教師を育てる マネジメント
―新たなライフコースを創る指導と支援―

大脇康弘 [編著]　A5判・定価(本体2,400円＋税) 送料300円
＊送料は2019年6月時点の料金です。

ベテラン教師の大量退職、若手教師の採用急増、学校をめぐる様々な教育課題への対応…。
いまスクールリーダーに求められる、若手教師の育て方・生かし方がわかります!

 株式会社 **ぎょうせい**　フリーコール **TEL：0120-953-431** [平日9~17時]　**FAX：0120-953-495**
〒136-8575 東京都江東区新木場1-18-11　**https://shop.gyosei.jp**　ぎょうせいオンラインショップ

教育長インタビュー
次代を創る
リーダーの戦略
Ⅱ
［第5回］

澤田智則 氏
土佐町教育長

学校と地域のシームレスな学びで次代を育てる教育を目指す

　課題をバネに新たな価値を——。11の小中学校を統合し1小1中となって10年。持続可能なまちづくりを目指し、学校教育に次代を見据えた新たな風を起こそうと旗を振るのが澤田智則教育長だ。NPOとの連携による新たな学習拠点づくり、部活動の民営化、クロームブックの導入やgmail、wi-fiなどのICT環境整備……。これからの学校教育を視野に入れた施策づくりに意欲的に取り組んでいる。教員志望だったという行政畑出身の教育長が、これらの施策の先に目指すものは、そして学校現場への思いは——。

● 教育長インタビュー ●

まちぐるみで子どもを育てる学校応援団

――土佐町の教育の特色は。

　本町の特色ある教育として挙げられるのは、まず、学校応援団の活動といえます。

　本町では、急激な少子高齢化により、昭和58年に6中学校を統合し1中に、平成21年には5小学校を統合して1小となり、1小1中となりました。これを見据え、平成19年に土佐町学校応援団推進本部を立ち上げ、町内全域による学校教育支援を行うこととなったのです。地域の様々な人々がこれに登録・参加し、放課後子ども教室、授業補助、クラブ活動・部活動支援、登下校や遠足時などの見守りなどをはじめ、町内各地で行われるサマースクールの支援など多彩な活動が行われています。

　もともと地域ぐるみで子どもを育てる意識をもった土地柄でもあり、平成30年度で述べ約2700人の参加を得ています。平成29年度からは地域学校協働本部とし、現在では、これらの活動に加え、総合的な学習の支援や、職業体験などさらに幅広い活動となっているところです。

　人口減少といった課題を解決するために、地域全体が学校教育に関わることで、学校を地域の中核に据え、地域づくりの中心として位置付けたわけです。課題から新たな成果を生むことを目指しているのが本町の特色といえるでしょう。

地域課題を解決する総合的学習を

――地域課題を解決する総合に取り組んでいます。

　新学習指導要領では、教科横断的で探究的な学びを求めています。そのために総合的な学習の時間を重視したいと考えています。特に、地域の課題解決に向けた総合的な学習を目指したい。子どもたちが実社会に出て市民として自立していくためにどのような教育を行っていくかは公教育の責任でもあると考えているのです。これを小学校3年生から地域の高校（嶺北高校）までを視野に12年間を貫く総合的な学習にしていくことが大切だと思っています。そのために、まちづくりや地域課題をテーマとした総合的な学習にしていきたいのです。

――どのようなテーマを考えていますか。

　例えば、人口減少の問題や、基盤産業である第一次産業などを考えています。

　そのためには、地域の力を借りなければなりません。そこで、本町では、総合的な学習をはじめ、新学習指導要領などに対応するための地域の様々な人材を活用しています。

　例えば、今年度からは空き店舗を活用した教育支援センターを立ち上げ、NPOに業務委託をし、自由な学びを保証する場を設けました。フリースクール的な展開を目指したものですが、ここでは語学、アクティブ・ラーニング、プログラミング教育などにも取り組みます。また、スタッフには、これら新たな教育課題に対応するための授業支援なども行ってもらいます。

学校教育・実践ライブラリ〈Vol.6〉　59

このように、学校だけではすべて対応することの難しい課題に対し、地域をはじめ外部の風を入れることによって解決を図るシステムを構築しているところです。

部活の公設民営で働き方改革に一石

──働き方改革が求められています。

働き方改革の本丸は、学校の先生方が授業づくりに集中でき、よりよい学びを子どもたちと作り上げていくための支援をしていくことだと思っています。

新学指導要領は、「今、学びを変えるとき」といったメッセージがあると思いますが、先生方は多忙であり、やるべきことがたくさんあり、そして、これまで経験してこなかった様々な課題に直面しています。先生方が授業づくりに集中できる環境づくりは教育委員会の責務といえると思っています。

そこで、本町でも校務支援システムなどの導入により、事務的な負担減を目指していきますが、もう少し踏み込んだ施策も必要だと考えています。

例えば、本町ではカヌーによるまちづくりを目指しており、カヌー先進国のハンガリーとホストタウン事業を行い、児童生徒による交流活動にも取り組んでいます。これを生かし、ハンガリーの元世界チャンピオン選手が指導者を務めるカヌーアカデミーと連携した部活動を創設しました。

また、本町では総合型地域スポーツクラブ「土佐町Happinessスポーツクラブ」と連携し、社会体育の振興に取り組んでいますが、ここに剣道や卓球、バレーボールなどといった部活動を業務委託することを検討しています。部活動に意欲のある先生には、クラブに入会してもらい、指導に当たってもらうということも考えています。

このように、まちづくりの視点から学校教育の仕組みを見直すということも必要なのではないかと考えているのです。

学校だけでは背負いきれない課題に対しては地域や外部の力を借り、学校教育においては先生方が本務としての授業づくりに集中できる環境をつくりたいと思っています。

"次"を見据え明日のための手を打つ

──ICTの活用については。

"次"を見据えて手を打っていくことがこれからの教育委員会にとって必要なことと考えています。

本町では、昨年校内の高速wi-fi環境整備と60台のタブレットを導入し、外国語の遠隔学習の実証事業にも参加しましたが、今年度は、クロームブック30台を導入しました。アプリで学習することができ、学習ログなどで、どこでつまずいたかがわかったりすることによって日々の学習に生かしたり、小学4年生以上にはeポートフォリオで学習履歴を残したりすることによって学習評価にも生かせるようにしたいと思っています。クロームブックはキーボードが使えることから、これからのPISA調査にも対応できます。

また、小学校中学年以上全員にgmailのアカウントを付与することも検討しています。こうした学習インフラを整備していくことで、町内全域で

学べるような、学校と地域のシームレスな学習環境をつくっていきたいと考えているのです。

これからの学びが大きく変わるということは公教育も大きく変わらなければいけない時代に入ったということです。教育委員会が環境整備によって学びを広げていくという役割を担わなくてはならないときではないかと思っています。

持続可能なまちづくりは学び続ける子どもたちで

——教育に対する考えを。

本町では、SDGsとSociety 5.0を重視しています。持続可能な地域づくりには、地域課題を直視し、課題解決を図る教育が必要であり、誰一人取り残さない手立てが求められると思っています。

そのために、課題解決を図る教育を通して、子どもたちに学び続ける力と市民として自立する力を身に付けさせること、子ども一人一人のニーズを受け止める場を保証していくことが大事だと考えています。

——座右の銘は。

「利他報恩」と「点滴石をも穿つ」が好きな言葉です。これまで受けてきた教育に感謝し、今に報いたいと思っているのです。この言葉はともに私が子どもの頃に学校の先生から教わったもので、今でも大事にしています。それだけ先生の影響力は強いものです。今の先生方にも、どうかいい先生になってほしい。授業の中で子どもとしっかりと向き合い、ともに学んでいけるような学校をつくっていってほしいと願っています。そのためには、大事にすべきことを大事にしながら、変える

べきことは変えていくというマインドセットが必要です。

学び続ける力をもった子どもたちが、ICTなど次代の学び方を生かしながら、持続可能なまちづくりのための課題解決型の総合的な学習を通して成長していく。そうした授業づくりに先生方が十分に向き合えるような環境整備に、これからも取り組んでいきたいと思っています。

（取材／編集部　萩原和夫）

Profile

さわだ・とものり　昭和38年生まれ。昭和57年3月高知学芸高等学校を卒業後、昭和58年4月土佐町役場に入庁。平成23年7月産業振興課長、平成27年6月総務企画課長を経て、平成29年4月より現職。

ONE THEME FORUM
ワンテーマ・フォーラム

現場で考えるこれからの教育

■今月のテーマ■

私と地域の物語(エピソード)

「社会に開かれた教育課程」が求められ、学校は地域社会と理念を共有し、
連携・協働して教育課程にあたることが求められています。
「予測できない変化に受け身で対処するのではなく、主体的に向かい合い関わり合い、その過程を通して、
自らの可能性を発揮し、よりよい社会と幸福な人生の創り手になっていける」ことが子供たちに必要と指摘
されるように、これからは地域社会との関わりの中にこそ、学校づくりのヒントがあるといえるのです。
ひるがえって教師自身も、地域と関わり、教職や自分の人生に生かすことが大切なのではないでしょうか。
今月は、「私と地域の物語(エピソード)」をテーマに、佐藤晴雄・日本大学教授をお迎えし、各地の校長先生にこれまで
に経験した地域との出会いや触れ合いについて語ってもらいました。

■ご登壇者■

札幌市立二条小学校長	大牧　眞一	先生
栃木県栃木市立大平中央小学校長	鈴木　廣志	先生
神奈川県秦野市立渋沢中学校長	柏木　荘一	先生
福岡県春日市立春日野中学校長	橋爪　文博	先生
日本大学教授	佐藤　晴雄	先生

ONE THEME FORUM
ワンテーマ・フォーラム
私と地域の物語(エピソード)

「教育」から「共育」へ
地域と共にある学校の創造

札幌市立二条小学校長　大牧眞一

　「りんごの故郷」がキャッチコピーだった前任校。勤務は1年間であったが、保護者や地域の皆様に助けていただいた思い出深い学校であった。

　4月、着任の挨拶回りをしたとき、「校長先生のご両親にはいつもお世話になっていますよ。どんな息子さんが来るのか楽しみにしていました」と地域の方々が笑顔で迎えてくれた。縁とは不思議なもので、その昔、一面のリンゴ畑が宅地造成され開校となったときに移り住んだ地域であり、現在も両親が地域の皆さんにお世話になっている。

　毎朝、子供たちを「おはよう」とハイタッチで迎えていたが、隣接している市立高等学校の生徒も笑顔で挨拶してくれた。「小学校のころが懐かしく感じ、私も校長先生の生徒になったようでした」と言って卒業した生徒が自分の教え子のように感じた。

　札幌市では「信頼される学校」を学校教育の重点とし、地域の実態を生かした特色ある学校づくりを求めており、この学校では「サタデースクール事業」に取り組んでいた。この事業は、地域と学校の連携・協働の仕組みを整え、様々なプログラムを通して地域全体で子供を育てる環境を醸成することを目的としている。多様な経験や技能をもつ地域人材や企業等の外部人材の協力を得て、子供たちに学びの場や体験の場を提供する取組で、学校、学校評議委員、地域住民からなる運営協議会が、運営をサポートするコーディネーター（PTA）にも協力いただき実施した。

　年10回程度、土曜日の午前中に開催し、プログラムは多岐にわたる。保護者のサポーターによる長期休業中の「学習教室」や「英会話教室」、運動会間近の「走り方教室」、夏の「水泳教室」や、秋の「体力アップ」、冬の「スキー教室」などは、地域のスポーツクラブの協力を得て実施した。区役所や町内会と一緒に開催する「防災教室」は、地域同士のつながりが生まれ、地域防災や街づくりにも一役買っている。漁連や企業と連携して、旬の魚貝を調理する「親子料理教室」は人気のプログラムである。1月には、地域の書家による「書道教室」を実施した。一人一人に丁寧に指導してくれ、参加者全員の今年の目標が体育館のステージに掲げられ始業式を迎える。

　新しい学習指導要領の理念の一つに、「社会に開かれた教育課程」が挙げられた。「地域は土の人、教師は風の人」と例えた人がいた。私たち教職員は、その学校に在職する期間は限られているが、地域を一瞬に通り過ぎる単なる風であってはならない。私は1年であったが、果たして土を肥やし、花を咲かせ実を付ける風と成り得たであろうか。

　職業柄、地域の集まりで挨拶することが多い。私はいつも「子供は、学校で学び、地域で育つ」と話す。学校で教え育てる「教育」から、地域と共に育てる「共育」の視点がより大切になってきていると感じる。これからも「地域と共にある学校の創造」を目指し、学校からの発信を続けていきたい。

ONE THEME FORUM
ワンテーマ・フォーラム
私と地域の物語(エピソード)

クラフトビール『田村律之助物語ー麦秋ー』誕生秘話
～校長は学校と地域をつなぐ触媒～

栃木県栃木市立大平中央小学校長　鈴木廣志

　「本当に律之助さんのビールができるとは思いませんでしたよ」と地域の中学校のPTA会長さんの言葉だ。
　「私もですよ」と笑って返した。
　クラフトビール『田村律之助物語』が地元のビールメーカーの協力で誕生し、皆さんで祝杯をあげた。
　栃木県はビール麦（二条大麦）の生産全国一を誇る。中でも栃木市の生産は、県内トップクラスだ。5月から6月の収穫の時期には、地域の田んぼが黄金色に染まる「麦秋」の風景が広がる。この「麦秋」の風景を今に残し、ビール麦栽培を栃木県に広めたのが、明治期の農業指導者であり、ビール麦の父である田村律之助だ。
　前任校の大平南小学校（当時の知新館）が、田村律之助の母校だった。彼は大正時代、日本の代表として、国際労働会議に出席し、児童労働の廃止や女性の労働条件の改善について演説をしている先駆的な指導者でもあった。しかし、残念ながら、その功績は、ほとんど忘れられ、地元の太平山にその胸像（当時の銅像は戦争で供出）がひっそりと建っているだけだ。
　そこで、ふるさと学習として、先生方と子供たちとこの地域の偉人を調べ始め、手作りのパンフにまとめたり、壁新聞や紙芝居、語りにまとめ、図書館や公民館で発信した。子供たちの学びは、地域へと広がり、律之助の生誕150年を記念して、「田村律之助顕彰会」が発足した。学校運営協議会のメンバー、PTA役員、親父の会、自治会、農家の方、読み聞かせのボランティアさんなど実に様々な方が会員に名乗りを挙げてくれた。
　発信すると地域の皆さんから様々な反応が返ってきた。クラフトビールメーカーの方から「律之助さんのビールを一緒に造りませんか？」そんな投げかけに応じ、麦蒔き、麦踏みに子供たちとともに汗をかいた。麦秋の風景が広がった収穫の時期には、地域の博物館の協力で唐箕や千歯扱きを使って昔ながらの収穫体験を行った。
　こうしてクラフトビール『田村律之助物語ー麦秋ー』が5月に誕生した。2000本のビールはあっという間に完売した。そのビールの収益の一部を律之助像の再建に使わせてもらう予定である。まさに律之助物語である。
　地域には、本当に沢山の子供たちに学ばせたい歴史や文化、自然、そして出会わせたい大人たちがいる。校長は、学校とそんな地域をつなぐ触媒でありたいと常々考えている。栃木市の教育のスローガンである「ふるさとの風土で育む人づくり、まちづくり」の意味を、学校（教職員）は風、地域は土であり、この絶妙な関係こそが子供たちや地域を育てることだと実感している。ビール麦は、冬場は北関東の空っ風に吹かれて、霜が降り、厳しい自然の中で、しっかり大地に根を張る。だからこそ、春には、麦の穂が大きく穂を垂れる。どこか教育に似ていると想いながら『律之助ビール』を地域の皆さんと飲み交わしている。

ONE THEME FORUM
ワンテーマ・フォーラム
私と地域の物語(エピソード)

地域と共にある学校づくりをめざして

神奈川県秦野市立渋沢中学校長　柏木荘一

　私が勤務する秦野市立渋沢中学校は、秦野市の西、自然豊かな渋沢丘陵の中腹に位置し、毎年ソメイヨシノが散るころ、全国的に有名な千村の八重桜が満開を迎える。開校36年目を迎え、現在生徒数は、1000人を超えたピーク時と比較すると半分にも満たない規模となっている。

　過去には生徒指導上の課題が山積する時期があったが、地域・保護者の皆様が何とかしなければという熱い想いから、渋沢中学校サポート隊を組織し、学校内外の環境整備、声掛け・あいさつ運動など地域をあげて生徒たちを温かく見守る活動を継続。生徒たちと大人との間に良好な人間関係が構築され、結果、生徒たちが安心して学校生活を送ることができるようになった。落ち着いた現在においても当時の活動の理念が代々継承されている。

　2年前、校内花植え環境整備を終え、参加してくださった地域の方々に挨拶をしていた際、ある方から「この地域に中学校ができることは、長年の願いだった」という温かいお言葉をいただいたことをきっかけに、コミュニティ・スクールの推進を決意し、昨年8月、秦野市教育委員会より学校運営協議会設置校の指定を受けた。

　めざす子供像や地域創生等について、時間をかけ地域・保護者・学校、それぞれの想いを交わす中、「全国的に有名な地域の特産である千村の八重桜を、地域と学校が一体となって、例えば八重桜石鹸や八重桜クッキーなど生産・販売するノウハウを学び、将来的に地元で働きたいと願う子供を地域の総力で育てていければ、地域の活性化に繋がるのではないか」「少子高齢化が進む中、この地域においても高齢者の一人暮らし世帯が増えていることから、高齢者同士が、また高齢者と生徒・教職員が交流できるサロンを学校に設置できないだろうか」「もう一度英語を学び直したいと願う地域の方が、生徒と一緒に英語の授業を受けることはできないだろうか」など活発な意見が止まない。

　今年度より学校運営協議会を3部会制(安全安心部会・地域交流部会・生きる力部会)とし、地域・保護者・学校間が、WIN－WIN－WINとなるよう取り組んでいる。

　まだまだ抽象的ではあるが、地域の想いをどのように学校経営に生かしていけば地域から信頼される学校をつくることができるだろうかと、ワクワクしながらも悩む日々を過ごしている。

　地域をスマートフォンに例え、一体となった地域・保護者・学校(OS)を基盤に、地域の人的・物的資源など(アプリ)を積極的かつ効果的に活用し、全国、そして世界と繋がり、地域独自の文化を発信できればと考えている。

　言うまでもなく、大切なことは、地域・保護者・学校、それぞれが抱える課題、目標やビジョンを共有し、子供たちの生きる力を育むための熟議を継続すること(OSとアプリのアップデート)であると考える。

ONE THEME FORUM
ワンテーマ・フォーラム
私と地域の物語(エピソード)

「もやい」の精神とコミュニティ・スクール

福岡県春日市立春日野中学校長　橋爪文博

　私の勤務する春日野中学校がある福岡県春日市は古より大陸に向かう天然の良港・博多湾に臨み、いち早く中国や朝鮮半島から先進文化を取り入れた。弥生時代中期から集落が急増し、光武帝から「漢委奴国王」の金印を与えられた奴国の中心として成長していった。現在は耕地面積率1.6％で、全国比11.9％を大きく下回る福岡市のベッドタウンだ。

　本校に校長として着任して4年目であるが、実は2回目の赴任で、教員8年目の平成4年度から8年間在籍した。また、他の春日市内の中学校や春日市教委での勤務を含めると通算20年となった。この間、春日市は行政のまちづくり構想とタイアップし、コミュニティ・スクールの導入を通して、子供が育つ地域基盤形成を進めてきた。その経緯を知る者として、体験したこと、感じたことを述べたい。

　本校の所在地である春日地区の自治会（旧春日村）では、年度当初、地域の役員や隣組長の懇親会に春日地区に住む小中学生が通う3小2中の教員が招待される。「飲んで、食べて、地域を語る」という趣旨の会で、いまどきこんな大盤振る舞いがあるのかというほどだ。この春日地区には「春日神社」があり、古来から毎年一月十四日夜に「婿押し」が行われる。農村社会の様々な伝承が集まった伝統行事だ。春日地区では「婿押し」が終わらなければ正月が終わらないと言われている。春日地区の各家庭では、だれが訪ねてきてもいいように正月を祝う料理がたくさん用意され振る舞われるのだ。この文化が根底にあるからこそ、春日地区の自治会と3小2中の懇親会があるのだろう。また、懇親会の案内がある学校は、まさに旧春日村の「おらが学校」なのである。だからこそ、地域の子供たちへのまなざしはあたたかい。学校行事に対する協力体制、登下校の見守り、子供のための地域行事など次から次に挙げられる。これらは、学校と連携・協働して、子供の成長を支え、地域創生を目指す地域の意気込みが伝わる。

　以前、春日市教育委員会に勤務していた折、「もやい」という耳慣れない言葉を耳にした。当時の教育長から、「もやい」という言葉には、「共同でことに当たる」「人と人との心をつなぐ」という意味が込められていると説明してもらったことを覚えている。それ以来、春日市におけるコミュニティ・スクールの導入は、押し寄せる急速な都市化の波や個性尊重という名の下に人と人の結び付きが重要視されなくなった風潮に対して、古き良き春日の伝統である「もやい」の精神を復活させる試みであると捉えている。

　また、社会に開かれた教育課程（よりよい社会を作るという目標の下教育課程を介して地域社会とつながる学校）の推進が声高に叫ばれている。ゆえに次世代の校長に求められるのは、リーダーシップと臨機応変なコミュニケーション力と地域を活かすカリキュラム・マネジメント力だと実感している。

　異論があるとは思うが、私は酒席であっても「もやい」の精神で地域と向き合い、「おらが学校」のスポークスマンとして職務を全うしたいと思う。

ONE THEME FORUM
ワンテーマ・フォーラム
私と地域の物語（エピソード）

私と地域の物語
地域の捉え方のズレ

日本大学教授　佐藤晴雄

　昭和50年代終わりごろ、都内の教育委員会に社会教育主事として採用された。主に青少年教育を担当していた。勤務地の自治体は18地区に分類され、各地区に青少年対策地区委員会が置かれていた。

　担当事業の一つに中学生対象のジュニアリーダー講習会があり、これは80名定員に対して年間10数回実施され、夏場にはキャンプ実習も含まれていた。着任当時、この事業の問題点が指摘されていた。講習会受講生は修了後、ジュニアリーダークラブと称する任意団体に所属し、18地区のいずれかの地区委員会の求めに応じて派遣され、子供たちの学校外活動のインリーダーとして活動するのである。

　当時のリーダークラブは現在の人材派遣会社のような役割を果たし、どの地区にどのリーダーを派遣するかは、地域性を考慮せずに決められていた。自治体全体を「地域」として捉えていたからである。だが、筆者はいくつかの地区委員会から、ジュニアリーダーには地元で活躍し、将来この地区で地域活動を担ってほしい、という要望を受けていた。

　筆者はその要望を担当課内で検討するよう提案した。その結果、要望がもっともだという結論に至った。そこで、筆者はある地区委員会会長に、講習会参加者を地区で推薦してもらえば、修了後には地域で活動しやすくなると助言したところ、その会長は筆者の助言を受け止めて、翌年10名の中学生を推薦してくれた。その後、その地区はジュニアリーダークラブのブランチとして地区クラブを新設し、地区内で修了生が活動できる環境を整えたのである。

　ところが、講習会にボランティアとして加わるOB・OGやジュニアリーダークラブからの反発があった。地区にこだわらず、自治体を地域として活動できれば出身者が少ない地区にも派遣できるからよいというのである。その考えにも一理ある。だが、面白いことに、出身者が少なかった地区は、先進地区に倣い講習参加者を推薦するようになり、修了者は各地区に根付くようになったのである。

　近年、コミュニティ・スクールに関心をもっているが、やはり「地域」の捉え方にズレが生じることもある。小中学校は校区を地域として捉えるのが一般的だが、県立高校や特別支援学校の多くは全県等を対象にするので、地域を広く捉えようとするか、地域がはっきりしないというのである。

　かつて磯村英一氏はコミュニティの原点として、「目で見える」「声の届く」「足の届く」という３点を指摘した（『コミュニティの理論と政策』）。ヨーロッパの教区をイメージしているのである。小学校区はこの範囲に近いが、県立高校等でも、まずはこれら３点の条件にかなう範囲をコミュニティとして捉えればよいと思う。その上で、資源活用などの場合には自治体レベルなどの広域を地域に位置付けるなど、地域を二段重ねで捉えればよい。むろん小中学校の場合でも、校区にとどまらず、情報・資源などの活用を軸とするネットワーク・コミュニティも併せて地域として捉えることが望ましい。

新しい学習指導要領が描く「学校」の姿とは──。
明日からの「学校づくり」に、その課題と方策がわかる!

次代を創る「資質・能力」を育む学校づくり

全3巻

吉冨芳正（明星大学教育学部教授）【編集】

A5判・各巻定価（本体2,400円＋税）送料300円
　　　　セット定価（本体7,200円＋税）送料サービス

■巻構成

第1巻　「社会に開かれた教育課程」と新しい学校づくり

第2巻　「深く学ぶ」子供を育てる学級づくり・授業づくり

第3巻　新教育課程とこれからの研究・研修

次代を担う子供を育む学校管理職・次世代リーダーのために──。
学校経営上押さえるべきポイントを、卓越した切り口で解説!

学校の明日を拓く
リーダーズ・ブック!

○新学習指導要領は「どう変わるか？」では対応しきれません。

○次代を担う子供を育む「学校」「学級」「授業」には、構造的な改善が求められます。

○本書は、精選した切り口・キーワードから課題と方策を明示。明日からの学校経営をサポートします。

管理職試験対策にも必備!

新課程の課題の最終チェックはこのシリーズで！

●2030年の社会に向けた新・学校像を徹底考察

第1巻 「社会に開かれた教育課程」と新しい学校づくり

第1章	これからの学校づくりと新学習指導要領	吉冨芳正	（明星大学教授）
第2章	中央教育審議会答申を踏まえた新たな学校経営課題	寺崎千秋	（一般財団法人教育調査研究所研究部長）
第3章	「社会に開かれた教育課程」の実現 ――「総則」を学校づくりの視点から読む――	石塚　等	（横浜国立大学教職大学院教授）
第4章	次代の子供を育てる学校教育目標	天笠　茂	（千葉大学特任教授）
第5章	「カリキュラム・マネジメント」で学校を変える	赤沢早人	（奈良教育大学准教授）
第6章	「チーム学校」で実現する新教育課程 ――これからの組織マネジメント――	浅野良一	（兵庫教育大学教授）
第7章	地域との新たな協働に基づいた学校づくり	佐藤晴雄	（日本大学教授）
第8章	小中連携・一貫教育を新教育課程に生かす	西川信廣	（京都産業大学教授）
第9章	特別支援教育への新たな取組み	安藤壽子	（NPO法人らんふぁんぷらざ理事長・元お茶の水女子大学特任教授）
第10章	メッセージ：新たな学校づくりに向けて	岩瀬正司	（公益財団法人全国修学旅行研究協会理事長・元全日本中学校長会会長）
		若井彌一	（京都光華女子大学副学長）

●一人一人の学びの質をどう高め、豊かにしていくか。多角的に解説

第2巻 「深く学ぶ」子供を育てる学級づくり・授業づくり

第1章	新学習指導要領が求める子供像	奥村高明	（聖徳大学教授）
第2章	中央教育審議会答申と授業づくりの課題	髙木展郎	（横浜国立大学名誉教授）
第3章	「深い学び」を実現する授業づくりの技法	田中博之	（早稲田大学教職大学院教授）
第4章	「社会に開かれた教育課程」を実現する単元構想	藤本勇二	（武庫川女子大学講師）
第5章	授業改善につなぐ学習評価の在り方	佐藤　真	（関西学院大学教授）
第6章	次代を創る資質・能力の育成と道徳教育・道徳科	貝塚茂樹	（武蔵野大学教授）
第7章	次代を創る資質・能力の育成と特別活動	杉田　洋	（國學院大学教授）
第8章	学校図書館の機能を生かした学習活動や読書活動の充実	佐藤正志	（元白梅学園大学教授・日本学校図書館学会副会長）
第9章	教育課程の基盤をつくる学級経営	宮川八岐	（城西国際大学非常勤講師）
第10章	新教育課程と一体的に取り組む生徒指導・教育相談	嶋﨑政男	（神田外語大学客員教授）
第11章	メッセージ：これからの授業づくりに向けて	髙階玲治	（教育創造研究センター所長）
		向山行雄	（帝京大学教職大学院教授）

●次代の学校を担う教師集団とは。力量形成のポイントを提示

第3巻 新教育課程とこれからの研究・研修

第1章	新学習指導要領で変わる校内研究・研修	村川雅弘	（甲南女子大学教授）
第2章	カリキュラム・マネジメントの研究・研修と実践課題	吉冨芳正	（明星大学教授）
第3章	資質・能力の育成を実現する単元構想の追究	奈須正裕	（上智大学教授）
第4章	「主体的・対話的で深い学び」を実現する授業研究	藤川大祐	（千葉大学教授）
第5章	新教育課程の軸となる言語能力の育成と言語活動の追究	田中孝一	（川村学園女子大学教授）
第6章	「考え、議論する道徳」指導と評価の工夫の追究	林　泰成	（上越教育大学教授）
第7章	9年間を見通した外国語活動・外国語科 ――カリキュラムと学習活動の工夫の追究――	菅　正隆	（大阪樟蔭女子大学教授）
第8章	「資質・能力」の育成を見取る評価方法の追究	西岡加名恵	（京都大学大学院教授）
第9章	アクティブな校内研修への転換	野口　徹	（山形大学准教授）
第10章	メッセージ：新教育課程に挑む教師たちに向けて	新谷喜之	（秩父市教育委員会教育長）
		古川聖登	（独立行政法人教職員支援機構事業部長（併）次世代型教育推進センター副センター長）

＊職名は執筆時現在です。

●お問い合わせ・お申し込み先
㈱ぎょうせい
〒136-8575 東京都江東区新木場1-18-11
TEL：0120-953-431／FAX：0120-953-495
URL：https://gyosei.jp

講座
単元を創る
[第6回]

教科目標を実現する単元

島根県立大学教授
高知県教育委員会事務局学力向上総括専門官
齊藤一弥

■summary■
資質・能力ベイスのこれからの教育課程には、教科目標の柱書に示された授業づくりに欠かせない「見方・考え方」「言語活動」「資質・能力」という3つの視点を、その関連を明確にしながら単元のまとまりに位置付けていくことが求められている。

新教育課程の単元のまとまりをいかにイメージするか

　教育課程の作成に当たっては、学校の創意工夫を生かしながら、全体として調和のとれた具体的な単元を作成することが大切である。特に、新しい教育課程においては、単元のまとまりを見通しながら、そのまとめ方やそれに盛り込む内容を見直すことで、主体的・対話的で深い学びの実現を目指すことが期待されている。つまり、授業改善を通して資質・能力を育む効果的な指導ができるような単元のまとまりを描くことが必要になる。

　これまでの内容ベイスの教育課程に位置付けられていた目標、指導内容、学習活動例といったものに加えて、教科目標の柱書に示された主旨を反映させるために、

○　身に付けた知識及び技能を活用したり、思考力、判断力、表現力等や学びに向かう力、人間性等を発揮したりする子供の姿【身に付ける資質・能力】

○　単元を通して教科等の特質に応じた見方・考え方が鍛えられていく過程【見方・考え方を働かせる子供の姿】

○　子どもが見方・考え方を働かせながら、知識を相互に関連付けてより深く理解したり、情報を精査して考えを形成したり、問題を見いだし解決策を考えたり、思いや考えを基に創造したりするといった学習過程【教科の深い学びを実現する学習過程】

などを明示されることが期待されている。

新しい単元のまとまりとは
小学校国語科を通して考える

　小学校国語科の教科目標の柱書には、
①言葉による見方・考え方を働かせ、
②言語活動を通して、
③国語で正確に理解し適切に表現する資質・能力を育成する
と3つの視点から示されている。

　資質・能力の育成に向けて主体的・対話的で深い学びの実現を図ることが大切であり、それには子供が言葉による見方・考え方を働かせながら言語活動に関わることが不可欠なことがわかる。

　高知県高知市立潮江東小学校は、資質・能力の育成を図る言語活動の充実に向けた単元開発に取り組んでいる学校であり、子供が言葉による見方・考え方を働かせながら学びを充実させていく授業づくりの具体を研究している。

　図1は、新教育課程における言語活動「討論会をしよう【話すこと・聞くこと】」の単元づくりに対する考え方である。従来の単元では、まずは「話

言語活動を通して「資質・能力」の育成を目指す

○質の高い言語活動⇒単元で育成を目指す国語の資質・能力を、子どもたちが身に付ける上で確実に機能できる言語活動

国語科で育成を目指す資質・能力の向上を図るためには、資質・能力が働く一連の学習過程をスパイラルに繰り返すとともに、一つ一つの学習活動において資質・能力の育成に応じた言語活動(言葉による記録、要約、説明、論述、話し合い等)を充実することが重要ではないか。

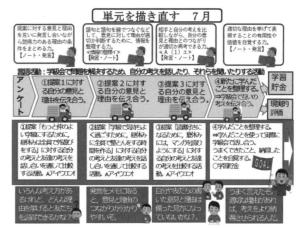

図1　単元づくりの考え方

図2　単元づくりの実際

すこと」「聞くこと」の基礎・基本を確認してから、それを活用して自らの主張を明らかにした上で討論するといった展開であった。しかし、新しい単元においては、子供が討論の目的や必要性を自覚し、学習課題を明確にした上で、その解決に向けて見方・考え方を働かせ学びを深め、その結果として討論を充実させていく過程を大切にしている。これまでの単元づくりのスタンスを大きく転換していることがわかる。

図2は、その単元デザインの具体である。これまでの研究実践を踏まえて、4つの視点から単元が描かれている。

最上段が「身に付ける三つの柱の資質・能力」とその評価方法である。国語の指導事項として位置付けることによって本学習が目指すゴールが明確になる。

二段目が「言語活動」である。指導事項をどのような活動によって獲得させていくかが検討される。この2つからは、「言語活動」というトラックが正しい目的地に向かって、「指導事項」という適切な荷物を積んで進んでいくという関係を確認することができる。

三段目が単位時間等に行われる学習活動である。「言語活動」で示された学習ゴールに向けて、質の高い言語活動を支える日々の学習の具体が示されている。

そして、四段目がそれぞれの学習活動における「言葉の見方・考え方を働かせる子供の姿」である。深い学びを自ら獲得していくために、子供はどのように見方・考え方を働かせているのかをイメージできるようにしている。

教科目標の柱書に示された授業づくりに欠かせない「見方・考え方」「言語活動」「資質・能力」という3つの視点を、その関連を明確にしながら単元のまとまりに位置付けていくという試みである。目標を実践に繋げていくことは案外難しい。しかし、この壁を越えていくことが資質・能力ベイスの授業づくりには欠かせない。

単元レベルで授業研究を進める

同校の授業研究では単元づくりそのものを分析対象としている。授業研究においては、

○　現実の社会でも問題解決ができるような実践的な単元づくりになっていたか

○　言語活動が見方・考え方を働かせながら学びを深めるだけの価値を有していたか

など、単元レベルで授業分析を行っている。内容ベイスの授業分析においては単位時間という「点」での分析で十分であったものが、能力ベイスになると単元のまとまりなど「線」や「面」での分析を必要としていることがわかる。このことからも単元から丁寧に創り描くことが授業づくりの基本になることが再確認できる。

Profile

さいとう・かずや　横浜国立大学大学院修了。横浜市教育委員会首席指導主事、指導部指導主事室長、横浜市立小学校長を経て、29年度より高知県教育委員会事務局学力向上総括専門官、30年10月より現職。文部科学省中央教育審議会教育課程部会算数・数学ワーキンググループ委員。近著に『新教育課程を活かす能力ベイスの授業づくり』。

連続講座・新しい評価がわかる12章 [第6回]

評価観点「主体的に学習に取り組む態度」（その1）

● POINT ●

「学びに向かう力・人間性等」と「主体的に学習に取り組む態度」との関係を理解する。「主体的に学習に取り組む態度」を構成する「粘り強く学習に取り組む態度」と「自らの学習を調整しようとする態度」の二つの側面から評価する。

●「学びに向かう力・人間性等」と「主体的に学習に取り組む態度」との関係

平成29年3月31日に幼稚園教育要領、小学校学習指導要領及び中学校学習指導要領は公示された。ここで、教育課程全体を通して「育成を目指す資質・能力」において最も注目されたものは、「学びを人生や社会に生かそうとする『学びに向かう力・人間性等』の涵養」であったといえよう。

これは、いま高大接続改革や大学入学者選抜改革においても、「主体性をもって多様な人々と協働して学ぶ態度」として衆目を集めているものでもある。すなわち、「高等学校教育、大学入学者選抜、大学教育の一体的改革」における、高等学校教育改革での「学力の3要素」の確実な育成、大学入学者選抜改革での「学力の3要素」の多面的・総合的評価、大学教育改革での「学力の3要素」のさらなる伸長、においてである。現在、我が国では小・中学校のみならず、高等学校や大学においても「学力の3要素」の育成と評価は、焦眉の急といえるものなのである。

確かに、「主体的」とは「ある活動や思考などをなす時、その主体となって働きかけるさま。他のものによって導かれるのでなく、自己の純粋な立場において行うさま」（広辞苑）や「他に強制されたり、盲従したり、また、衝動的に行ったりしないで、自分の意思、判断に基づいて行動する様。

自主的」（日本国語大辞典）とされる。また、「主体性」とは「行動する際、自分の意思や判断に基づいていて自覚的であること。また、そういう態度や性格をいう」（日本国語大辞典）や「認識や行為の主体であり、またそれらに責任を取る態度のある事を言う。主観が知識的自我を意味するのに対し、主体は最も具体的かつ客観的な存在として、認識や行為の担い手とみなされる」（哲学辞典）とされ、行動主体が取る自らの行動に対する態度を示すものである。

中央教育審議会「初等中等教育分科会教育課程企画特別部会　論点整理」（平成27年8月26日）では、「学びに向かう力、人間性等」については、主体的に学習に取り組む態度も含めた学びに向かう力や自己の感情や行動を統制する能力、自らの思考のプロセス等を客観的に捉える力など、いわゆる「メタ認知」に関するもの、また、多様性を尊重する態度と互いのよさを生かして協働する力、持続可能な社会づくりに向けた態度、リーダーシップやチームワーク、感性、優しさや思いやりなどの人間性等に関するもの等とされていた。すなわち、「学びに向かう力、人間性等」と示された資質・能力には、感性や思いやりなど幅広いものが含まれているのである。

したがって、「学びに向かう力、人間性等」と「主体的に学習に取り組む態度」との関係については、「学びに向かう力、人間性等」には「主体的に

関西学院大学教授 **佐藤 真**

さとう・しん　1962年、秋田県生まれ。東北大学大学院博士後期課程単位取得退学。兵庫教育大学大学院教授、放送大学大学院客員教授などを経て、現職。中央教育審議会専門委員、中央教育審議会「児童生徒の学習評価に関するワーキンググループ」委員、文部科学省「学習指導要領等の改善に係る検討に必要な専門的作業等」協力者、文部科学省「教育研究開発企画評価会議」委員、文部科学省「道徳教育に係る学習評価の在り方に関する専門家会議」委員、国立教育政策研究所「総合的な学習の時間における評価方法等の工夫改善に関する調査研究」協力者、独立行政法人大学入試センター「全国大学入学者選抜研究連絡協議会企画委員会」委員などを務める。

学習に取り組む態度」として学習状況を分析的に捉える観点別学習状況評価を通じて見取ることができる部分と、観点別学習状況評価や評定にはなじまずにこうした評価では示しきれないことから個人のよい点や可能性また進歩の状況について評価する個人内評価を通じて見取る部分、とがあるということである。

そもそも、「主体的に学習に取り組む態度」については、学習前の診断的評価のみで判断したり、挙手の回数やノートの取り方などの形式的な活動を評価したりして為されるものではない。是非、「関心・意欲・態度」ではなく「主体的に学習に取り組む態度」にされたことを契機に、各教科等の単元や題材を通じたまとまりの中で、児童生徒が学習の見通しをもって学習に取り組み、その学習を振り返る場面を適切に設定した学習過程を構築されたい。

そして、なによりも児童生徒自らが、学習の目標をもち、進め方を見直しながら学習を進め、その学習の過程を評価し、新たな学習に更につなげる、といった学習に関する自己調整を行い、粘り強く知識・技能を獲得したり、思考・判断・表現しようとしたりしているのかどうかという意思的な側面を捉えて評価したい。換言すれば、児童生徒の「主体的に学習に取り組む態度」の姿を見取り評価するためには、児童生徒たちが主体的に学習に取り組む場面を如何に学習過程に設定するのかが重要であり、いわゆる「主体的・対話的で深い学び」の視点からの学習・指導方法の改善が必要といえよう。

●「主体的に学習に取り組む態度」を評価する二つの側面

「主体的に学習に取り組む態度」の評価は、何よりもメタ認知と呼称される自己の感情及び行動を制御・統制する能力や自らの思考の過程等を客観的に捉える力など、学習を行う上での自己調整機能を重視することが重要である。それは、単なる粘り強い行動や積極的な発言等々の状況を評価することではないからである。そうではなくて、児童生徒が「知識及び技能」を獲得したり、「思考力、判断力、表現力等」を身に付けたりするために、自らの学習状況を把握し自らの学習の進め方について試行錯誤するなどという学習の自己調整を図り、かつ、より良く学ぼうとしているかという意思的な側面の評価が大切だからである。

したがって、「主体的に学習に取り組む態度」の観点に基づく評価は、一つは「知識及び技能」を獲得したり、「思考力、判断力、表現力」等を身に付けたりすることに向けて粘り強い取組を行おうとしているのかという意思的な側面が認められること、もう一つは、その粘り強い取組が自らの学習の自己調整を行いながら、より良く学ぼうとするために行われているのか、という二つの側面から評価するものといえる。

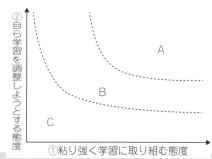

図1　「『主体的に学習に取り組む態度』の評価のイメージ」の右図（中央教育審議会初等中等教育分科会教育課程部会『児童生徒の学習評価の在り方について（報告）』平成31年1月21日、p.12）

学校を挙げての不断の授業改革による子どもの変容

今年も自助・共助・公助を体験する

　毎年、7月下旬から8月末にかけては講演やセミナー、教員免許更新講習などが目白押しである。昨年はその矢先にノートパソコンが完全に機能不全に陥った。出張先の九州の某県教育センターのICTに長けた指導主事2名が2時間がかりで取り組んだが回復しなかった。東京の大手電気店の専門スタッフもお手上げで「メーカー修理に2週間ほどかかる。直る保証はない」と告げられた。お先真っ暗であるが「諦めるわけにはいかない」。

　夜にはホテルから長男の弘城（日本福祉大学助教）に電話相談を続けていた。長男は会話のスピードで検索ワードを打ち込み、考えられる解決策を示してくる。ネットワーク上には膨大な関連情報が存在する。教育センターの指導主事や電気店の専門スタッフの努力により、考えられる要因が一つ一つ取り除かれていったことも大きかった。結局、2日目の夜に機能回復に至る。直接かかわった様々な専門家のみならずネット上の見も知らぬ大勢の方の協力により解決することができた。「時空を超えた多様な他者とのアクティブ・ラーニング」を体験することができた。私が「諦めずに解決を図ろうと様々な人に協力を仰いだこと」は自助、解決に奮闘してくれた指導主事や長男等は共助と言える。この場合の公助にあたるメーカーの手を借りなくて済んだ。

　さて、今年度はさらなる困難が待ち受けていた。講演等が始まる2日前、徒歩中に草が生い茂った穴に左足を突っ込んだ。数分後には大きく腫れてきたため、救急病院で診てもらうと、左足首骨折だった。翌日は前期の最終授業だったため、徳島から神戸まで往復し2コマ講義した。その翌日に入院、翌々日に手術を行った。傷の痛み以上に心を悩ませたのは今後の講演等がどうなるかである。この30年あまり1000回以上の講演をこなしてきたが、天候不順による中止や延期は数回あったが、病気等でキャンセルしたことは一度もない。講演は穴を空けることのできない、決して諦めることのできないものである。入院当日の八戸市の講演は弟子である山形大学の野口徹教授が急遽引き受けてくれた。私もかつて大変著名な方の入院により急遽代打を引き受けたことがあるが、その講師を目当てに集まっている参観者への講演は大きなプレッシャーであった。結果的にはこれまでの講演の中でもベスト10入りの出来映えであったと自負している。野口氏も代打ホームランをかっ飛ばしてくれたようで、後に届いた担当指導主事のメールに添付されていた参観者の感想は極めて評価の高いものであった。手術当日の東京での校内研修は延期していただいた。

　あり得ないことだが、患者の私が退院の日時を決めた。術後の翌朝に退院し、その午後には東京での講演を果たす。その後、8月末までの40日間で講演や教員免許更新講習、実習訪問指導、学校研究指導、集中講義等、のべ34の用務をこなした。やり遂げた今、心底ホッとしている。半分近くが青森、茨城、東京、石川、富山、広島等の近畿圏外である。車いすや松葉杖での移動が大変だった。なぜ成し得ることができたか。

　一つは共助（というよりは一方的な助け）である。

村川雅弘
甲南女子大学教授

生活面や近隣の移動に関しては家族が手助けしてくれた。例えば、石川県の講演には前後の教員免許更新講習等で共に講師を務めた長男が車を運転してくれた。**写真1**は金沢駅の車いす用エレベータに乗っている様子である。各教育センターや講演会場、実習訪問先等では、車いすの準備や移動の介助等、様々な手助けを指導主事や担当者が行ってくれた。これらは共助に当たる。飛行機の乗り降りと空港内移動はJALスマイルサポートのスタッフが行ってくれた。公助に当たる。自助として私は何をしたか。主治医との約束の「できるだけ左足を上げておくこと」「アイシングを欠かさないこと」を約1か月徹底した。そのために、移動や講演では写真のように半パンを貫いた。主治医との2つの約束を守るためである。移動中も左足首はアイシングをしている。しかし、一番の自助は「諦めず、何とか手は打てないかと考え、実行したこと」である。共助や公助による手助けがあったからこそ「何とか頑張ろう」と思えた。この場を借りて改めて礼を申し上げたい。

写真1

●カリキュラム・マネジメントの視点を踏まえた学校改革

私の周りには諦めることなく前に進む人たちが数多くいる。淡路市立志筑小学校（山本哲也校長）の先生方もそうである。来る11月15日に全国小学校生活科・総合的な学習研究協議会の授業公開を全学級で引き受けている。

山本校長との出会いは2017年2月である。突然のメールをいただいた。「(前略) 生活・総合学習のフィールドや素材はあります。また、現在も当然、素材を生かして生活科・総合的な学習を行っています。しかし、もっと根本の、生活・総合でどんな力をつけたいのか。そのための手立てはどうするのかがあいまいで、生活・総合の教科の特性や大きな可能性を十分生かし切れていないのが実態です。こんなことから、平成31年度の全国大会への取組を契機に、生活・総合を中心に据えて、児童の成長を目指す、学校改革・授業改革を行い、その取組の波を淡路市の全ての学校にも広めていきたいと考えています。(後略)」と綴られていた。「全国大会への取組を契機に」と「取組の波を淡路市の全ての学校にも広めていきたい」に共感した。

学校の研究指導では、研究指定はきっかけであると言い続けている。生活科や総合的な学習の時間、国語や算数などの教科、道徳教育やキャリア教育、ICT教育など、どのような教科等やテーマの研究指定を受けようとも、その学校の授業全体が変わらなければならない。また、成果があった取組は指定終了後も継続・発展していかなければ意味がない。

指定校の一人勝ちではなく県内や市内の学校への還元を並行して行う。先生方には人事異動というシステムがある。有効な取組を行っても異動先で続けることができなければ勿体ない。何よりも県や市町村全体が伸びていくことが理想である。このことは教育委員会にも提案することが多い。高知県の探究的な授業づくりや大分県佐伯市のふるさと創生にかかわった際にも、現在かかわっている広島県尾道市や広島県大崎上島町でも言い続けている。

山本校長はこの2点を強調された。その意に賛同し、翌月3月の講話「生活科・総合的な学習で児童を伸ばし、学校を変える～新しい学習指導要領の目指すもの－生活・総合は何を担う－～」以来、年に

学びを起こす
授業研究
[第6回]

4、5回のペースでかかわってきた。
　その年の6月に研究推進部との顔合わせを行った。事前に送られてきた協議事項は**資料1**に示すとおりである。実態に基づく教育目標の設定、その実現のためのカリキュラム開発とその具体としての授業づくり、PDCAの鍵を握る授業研究、外国語活動の時間確保との兼ね合い、地域との連携など、既にカリキュラム・マネジメントの視点を踏まえた課題が具体的に示されていた。山本校長を筆頭に先生方の強い意気込みを感じた。

---
①生活・総合的な学習の時間の授業について
・めざす子ども像の策定方法　・研究の進め方
②カリキュラムについて
・系統的なカリキュラムや学年でつけるべき力
・地域との連携についての考え方
③その他
・「深い学び、主体的な学び、対話的な学び」のアウトライン
・31年度に向けて研究を進めるうえでのキーワード
④外国語活動の総合の時間の利用の是非
⑤今後の計画について
・夏休みの職員研修の時期・内容
・2学期からの授業研究の進め方　・授業研究の視点

資料1

　9月の校内研修に淡路市内の小学校にも参加を呼びかけている。そのときの講演テーマは、「新学習指導要領で目指す生活科・総合的な学習の時間」で、「生活科と総合的な学習の時間の年間指導計画の年度途中の見直し」ワークショップも行っている。なお、2019年1月のスタート・カリキュラム作成支援ツール『サクスタ』『サクスタ2』（日本文教出版）の製作者である八釼明美教諭を招いてのスタート・カリキュラムに関する校内研修でも近隣の小学校に広く呼びかけ、十数校からの参加を得ている。初めて山本校長にお会いした際の「志筑小を中心に生活・総合で学校・地域が変わり、淡路島が活性化するといい」という言葉をずっと大事にしていただいている。常に淡路島全体を見据えて取り組まれている。

●不断の授業改革による子どもの変容を糧に突き進む

　2018年1月の山本校長からのメールの一部を紹介する。
　「本日、31名全員揃って職員写真を撮りました。大変寒い日で、時より強い風も吹き、髪も乱れがちでしたが、撮り終わったときに自然と拍手が起こりました。たかが職員記念写真、されど職員記念写真です。志筑小学校は、学級崩壊のクラスが多く、職員が目を離さないで注意しておかなければならず、全職員が集まって職員写真をとるなどということはここ何年か考えられませんでした。だからこそ、小さな一歩でしたがされど一歩だったのです」「やっと、主体的に学ぶ児童の姿や教師が授業を変えることについて学びの入り口に立てたという思いです。まだまだ、1時間の授業を公開するためには、理論の整理や子どもを育て高めておくこと、教師の教材づくりとカリキュラムづくりなど、やるべきことや越えなければならないハードルは山ほどあります。しかし、着実に前進し続けたいと思いました」
　2018年11月。
　「人権教育研修会の授業公開を行いました。約80人の方々がお越しになり、掃除をする姿とともに、児童のあいさつの様子も見ていただきました。2年生の教室では、教師の問いかけに勢いよく挙手をする子どもたち。教師が初めの児童を指名しただけで、次々と発表がつながっていきました。時折はさむ先生の言葉や友達の言葉に、『はぁ〜ん……。そうそう……。へぇ〜……』など、児童の反応やつぶやきが聞こえてきて、自分事として主体的に授業に取り組んでいる子どもの様子が伝わって、教室中があったかい気持ちで満たされていました。この授業を行っ

● Profile
むらかわ・まさひろ　鳴門教育大学大学院教授を経て、2017年4月より甲南女子大学教授。中央教育審議会中学校部会及び生活総合部会委員。著書は、『「カリマネ」で学校はここまで変わる！』（ぎょうせい）、『ワークショップ型教員研修　はじめの一歩』（教育開発研究所）など。

たのは、新卒2年目の臨時講師。子どもも教師もよく成長してくれたと思うと、嬉しくて嬉しくて……。各階のトイレのスリッパが素晴らしくきちんと並んでいたこと。自習をしている多くのクラスの子どもたちが、真剣に自習をしていることなど……。どこを見ても、嬉しくて嬉しくて……。そういったことがあって、全体会のあいさつで、涙があふれて声がつまって話せなくなってしまいました。恥ずかしいというより、校長冥利に尽きる出来事でした」（一部割愛）と綴られてあった。私も「研究者冥利に尽きる」と、少し涙ぐんでしまった。

2019年3月。

「嬉しいなぁと思うことがあったのでメールをしました。明日（15日）が卒業式予行。20日が本番です。これまでの卒業式練習のように時間を多くとっているわけではないのに、待つ姿勢、話の聞き方、呼びかけの声、歌声など、どれをとってもびっくりするぐらいの立派な様子でした。学級づくり・学習訓練、生活・総合を中心とする体験や表現活動をもとにした学び、自分事として考え取り組む主体的な力、そして、『6年生に最高の卒業式を……』『日本一の卒業式を……』というような学校全体の空気感。これまでの日々の指導で培ってきた力が、今日のこんな児童の姿につながったのではないかと思うと、嬉しくて嬉しくて……。一人ホワイトボードの陰に行って、ハンカチで涙をぬぐっていました。こんな瞬間が、校長としての最高の時間だなあとつくづくと感じます。これらのことは、先生方のご指導のもと、生活・総合をしっかりと取り組むことができてきたおかげだと心から感謝しております」

2019年4月。

「どのクラスもいい形でスタートできています。学校の雰囲気がやる気に満ちながら、ピリッと引き締まっているような感じです。さっそく朝のスピーチタイムに、6年の児童の発表の様子を5年の子どもたちに見せていました。6年生はいつもより張り切り、良いお手本になりました。『6年生のスピーチタイムを見て、どんなことに気付きましたか。どんなことが勉強になりましたか』とその場で5年生に振り返りをさせ、6年生にも5年生にも学びを意識させ、子どもたちを一段高みへ上げていました。1年生は学校探検1回目を行い、2年生は春みつけに志筑神社まで出かけていました。昨年度の今頃は、まだそれどころではなく、全く動き出せていない状態でしたので、やはり、3月28日は大きな初めの第一歩でした。ありがとうございました」

3月28日の研修の様子は本誌Vol.1に紹介した。このような形で実を結んでいる。8月の研修では1学期の取組を踏まえ、2学期以降の展開及び公開当日の指導案検討を行った。11月15日、どの学年もお勧めである。例えば、5年生は防災に取り組んでいる。前年の福祉の学びを生かし高齢者等一人一人の状況に応じたマップづくりを目指している（**写真2・3**）。各学年共に前後連続の授業を公開する。夜には私たち講師と授業者、参観者が一堂に会し淡路島の幸を楽しむ催しもある。國學院大學の田村学先生も参加予定である。学校を挙げて授業の工夫・改善に取り組んでいる成果が着実に子どもの姿として成果に表れている。その姿に手応えを感じ、再び邁進する。まさに不断のPDCAサイクルが確立している。その日の授業だけでなく、どう授業を作り上げ学校改革を進めてきたのか。その過程も先生方から引き出していただきたい。実り多き一日となるであろう。多くの先生方との出会いを楽しみにしている。

写真2

写真3

カウンセリング感覚で高める教師力
[第6回]

子供の〈適応〉に学ぶ

 2つの〈適応〉

前回は、個人の自己一致のレベルについて述べました。今回はそれを他者とのかかわりに応用し、自分と他者とのかかわりを〈適応〉の観点から考えます。

いま、子供たちには多様な価値を柔軟に学ぶ生き方が必要です。Diversityの感覚です。そこでは彼らが自分のよさ（得意・強み）を生かす能力に自ら気付き、それを他者や社会とかかわる日々の生活設計に活かす資質・能力が求められます。OECDのプロジェクト（注）が提唱するStudent agency（子供の自己変革力）の形成もこの考えと連関します。単に子供個々の力量や努力（自己適応）でだけではなく、他者や社会状況との関係性（他者適応）において子供自らが獲得するエネルギーです。

その生成プロセスには、自他の適応が相互に刺激し合い、双方に漸進的な成長が絡むことが大切です。それは、人としてのidentityの変容過程であり、自己との内なる対話及び他者との関係づくりに不可欠な営みです。しかし、その内外にわたる調和のある絡みは必ずしも順調にかつ素直に認められるものではありません。自己一致のレベルが安定しているときもあれば、その拡散やゆらぎの事態（いじめや不登校など）も折々にみられます。

 4つの様相

図は、2つの適応の軸から4事象を構成したものです。

まず、第Ⅰ象限です。ここでは、「自己適応」と「他者適応」のベクトルが互いに高め深め合う状況がみられます。ここにある子供の心身は安

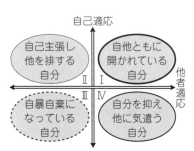

図　自他理解のバランス

定し、学習活動もスムーズです。子供自身も〈人間的な成長〉を感得し、自らの個性や能力をためらいなく発揮します。級友からの信頼もあります。Agencyの高い子供といえます。本誌第3回で紹介した「ありたい自己」と「現実の自己」の重なりも大きく、落ち着いた自己像がみられます。

次に、第Ⅱ象限です。ここでは、「自己適応の肥大化」がみられます。ややもするとわがままや他をかえりみない状況が生じます。いわゆる〈自分さえよければ〉とする言動に駆られた生き方をすることがあります。また、一見しっかりした自分（個）がみられるが、その内面は不安であることが少なくありません。知的でしかも生産的な学びをするが、それに偏った言動になりがちです。周りの子供たちや教師からみても明るく楽しい実践活動になりにくい面があります。それゆえ、独りよがりになったり孤立したりもします。

第Ⅲ象限では、2つの〈適応〉にズレがみられます。その場の自己と他者を否定的に考えてしまい、自信（自己信頼感）を失っています。自己一致度も小さく、そこでの心持ちは不安定です。ですから、その子供自身も自己嫌悪に陥ったり、他者批判を繰

東京聖栄大学教授
有村久春

ありむら・ひさはる　東京都公立学校教員、東京都教育委員会勤務を経て、平成10年昭和女子大学教授。その後岐阜大学教授、帝京科学大学教授を経て平成26年より現職。専門は教育学、カウンセリング研究、生徒指導論。日本特別活動学会常任理事。著書に『改訂三版 キーワードで学ぶ 特別活動 生徒指導・教育相談』『カウンセリング感覚のある学級経営ハンドブック』など。

り返したりします。自らを活かしきれずにイライラし、学習活動や行事等の体験もプラスに表出しません。自他のかかわりも破滅的になり、暴力行為や陰湿ないじめなどに至ることもあります。自他適応の意欲が薄れ、学校生活への生産的営みもみられなくなります。

　第Ⅳ象限では、自己への適応を抑制し、他者や社会に気遣いする子供の心性がみられます。相手のために尽くそうとして、自らの主張や表現を差し控える言動がみられます。日常の言動にも「ごめんね」「すみません」など、他者志向性にもとづく振る舞いが多くなります。また、他者からの評価を気にし過ぎて〈こころ疲れ〉がみられ、集団的な動きの中で自分（個）が埋没してしまうことがあります。それゆえ、為し得た学習体験の生産性も乏しく、自分では尽くしたつもりでも他者からの理解や評価は高くありません。結果的に、正当な自己存在感が得られないために精神的な負担が増幅します。自己一致度も小さくその後の動きや価値の形成も鈍くなります。

 Agencyをはぐくむ

　このために、子供個々が可能な限り第Ⅰ象限に位置するように援助するカウンセリング感覚のある先生の存在が不可欠です。

　しかし、先の図でいうⅡ・Ⅲ・Ⅳの事象にある子供たちは何らかの心理的ストレスや不満を抱いています。ここにある不一致な子供にこそ、こころの琴線にふれる先生のあり様が必要です。その育成と涵養のためには、話す・聞く、発表する、伝えるな

どのコミュニケーション能力がとりわけ大切です。

　例えば特別活動の体験などの場で、以下のような子供の活動の事実に先生自身が向き合い、それら個々の価値に学ぶようにします。

> ❶ 係を決めるとき、「お花のかかりがあるといい」と自分のアイディアを発言した。「賛成」と言う声が聞こえた。係活動が楽しみだ。（小3）
> ❷ 6年生との遊び集会に参加し、「またおねえさんたちといっしょにあそびたいです」と作文に書いた。6年生の教室に手渡しに行った。（小1）
> ❸ 代表委員になった。月1回、学級で話し合ったことを全校のみんなに提案した。その結果を翌日の朝の会で報告できてうれしかった。（小5）
> ❹ 入部した卓球部の活動が楽しみだ。3年の先輩たちにサーブの打ち方を教えてもらった。少し上手になった気がする。入学して不安もあったが、いまでは学級での生活や勉強も面白い。（中1）
> ❺ 職場体験の計画を話し合った。ケーキ屋さんを希望している。お客さんとうまく話ができるか心配。Kさんが「いかがですかと、元気に言えばいいよ」と話してくれたので気が楽になった。（中2）
> ❻ 生徒会でボランティアクラブをつくり、奉仕活動をしている。駅前清掃や高齢者訪問などを企画し、数名の仲間と月1ペースで行っている。（中3）

　これらの学びをそのまま〈先生の喜び〉として、子供個々に還元することです。例えば、「先生もお花係が楽しみです。きれいな花が咲くと思います」「今度卓球の練習を先生も見に行きたいです」など。そこに、子供も先生も新たな自己と生きるエネルギーを見出すものと考えます。

[注]
- 出典：「OECD Education 2030 プロジェクトについて」文部科学省初等中等教育局教育課程課教育課程企画室

[参考文献]
- 有村久春著『カウンセリング感覚のある学級経営ハンドブック』金子書房、2011年

■ 10月の学級づくり・学級経営のポイント

男女のトラブルを、学級の学びに変える

　小学校の高学年になると、男女のトラブルが増えます。私が6年生を担任したときに、「告白ごっこ」が流行りました。「誰にも言わないから、好きな人を教えて!」と言って、好きな人の名前を言い合っておきながら、他の人に言ってしまうのです。

　しかも、ある男子に好きな女子の名前を言ったときに、その女子に「A君が好きだそうだけど、あなたはどう思ってるの?」と言って、その女子に好きな男子の名前を言わせるのです。また、名前のあがった男子に、「Bさんが好きな人は、C君だって」と言ったりするのです。

　こうしたことが学年全体で起きたため、学年全体の男女間だけでなく、友人関係までおかしくなってしまったのです。

　学年の担任同士で話し合い、どうやってこの問題を解決していくかを考え合いました。お互いが異性を好きになるのは、当然のことだし、成長の証しと考えてよい。むしろ、このことを通して、「人を好きになるとはどうすることか?」を考える機会にしよう!」ということになりました。

　学年総会を開き、「今回のトラブルを、一人一人がどう考えるか?」ということをていねいに聴き取っていきました。「面白いから、ついついやってしまった」「人の秘密をバラすのが楽しくて、ついついやってしまった」などの意見が出てきました。

　その後、「人を好きになるのは、とても素敵なことだから、もっと大切にしてほしいこと」「好きな人のことを思うのはとても素敵なことだから、それは誰にでも簡単に話すべきではないし、自分の心の中で大切にしてほしい秘密だと思うこと」などを伝えていきました。

　また、「人を好きになるのは、とても素敵なことだけど、同時に素敵だなと思われる自分になっていくことが大切であること」などを伝えていきました。

　子どもは、比較的小さいときから「なんとなく○○ちゃんがいいなと思う」という感情をもつものですが、中学年から高学年に向けて「相手のことを思うと、落ち着かなくなるし、心の中でいつも相手のことを考えるようになる」のです。

　大事なことは、「人を好きになるだけでなく、魅力的な人になる努力をすること」なのです。2学期になると男女のトラブルが起きやすくなります。それを成長の機会として捉えていくことが大事なのです。

ユーモア詩でつづる
学級歳時記

[第6回]

白梅学園大学教授
増田修治

ますだ・しゅうじ　1980年埼玉大学教育学部卒。子育てや教育にもっとユーモアを!と提唱し、小学校でユーモア詩の実践にチャレンジ。メディアからも注目され、『徹子の部屋』にも出演。著書に『話を聞いてよ。お父さん!比べないでね、お母さん!』『笑って伸ばす子どもの力』(主婦の友社)、『ユーモアいっぱい!小学生の笑える話』(PHP研究所)、『子どもが伸びる!親のユーモア練習帳』(新紀元社)、『「ホンネ」が響き合う教室』(ミネルヴァ書房)他多数。

■今月の「ユーモア詩」

水風船

田中　智弘（6年）

野本和也君と中島君とぼくで
公園で水風船で遊んだ。
水風船の中に
大きいのが二つ入っていた。
それを二つ持って
和也君が水道に走っていった。
ぼくが中島君に、
「かず、絶対
『オッパイ、ボボヨーン』って
やるよね。」
と言ったら
「おれもそう思う。」
と言った。
和也君を見ていたら
二つの水風船をつなげてきて
「オッパイ、ボボヨーン！」
とやった。
ぼくと中島君は大笑いした。
近くにいた赤ちゃんづれの人まで
笑っていた。
はずかしかった。

■余裕をもって見守る

　夏の暑い日に、水を入れた風船をぶつけ合う。「水風船」という題を見たときは、そんなイメージでした。

　ところが、智弘たちの遊びは、水風船を二つつなげて「オッパイ、ボボヨーン！」だというのです。

　思わず、大笑いしてしまいました。

　それだけではありません。

　3人がテレパシーでつながっているような言葉のやりとりにも感心していました。

　和也君が水風船を二つ持って水道に走っていったときのことです。

　「かず、絶対、『オッパイ、ボボヨーン』ってやるよね。」（智弘）

　「おれもそう思う。」（中島君）

　二人の予想どおり、ドンピシャリ当たり。和也君は風船を二つなげて「オッパイ、ボボヨーン」とやったのです。

　心と体が大人に向かって大きく変わる6年生ですから、異性への関心が高まるのはごく自然なこと。この時期だからこそ生まれた作品と言ってもいいでしょう。

　「近くにいた赤ちゃんづれの人まで笑っていた。」

　「はずかしかった。」

　智弘は顔から火が出るほど恥ずかしかったのでしょうが、大人から見れば、何ともほほえましい光景です。

　異性のことが気になるのも、自立に向かって順調に育っている証拠です。余裕をもって見守りたいものです。

UD思考で支援の扉を開く
私の支援者手帳から

[第6回]

指導論にまつわる煩悩(2)
毅然とした指導

　ネガティブなことをしてしまう子どもに対し、「毅然とした態度で指導をすべき」とよく言われます。しかし、「毅然とした態度」とは何でしょうか。本当にその子のためを思っているのでしょうか。困っているのはその子でしょうか、それとも支援者の方でしょうか。実は、「その子のため」と思いながらも、実はその子のニーズではなく、自分が納得したいという思いから「毅然と」指導をしているケースは多いのです。今回は、毅然とした指導の陥りやすい実態を見ながら、私たちのお相手に対してどのような態度が求められるのかについて考えてみます。

叱責と言い聞かせ

　叱責と言い聞かせは別物と誤解されることが多いです。確かに叱責は「授業中におしゃべりをしてはダメ」「やめなさい」と断言するものである一方、言い聞かせは「授業中のおしゃべりはいけないと思うよ」「やめたほうがいいのではないですか」と助言しているように見えます。

　しかし、言い聞かせには2種類あります。一つは支援対象者に選択可能性が残されているもの。もう一つは選択可能性が残されていないものです。つまり、その言い聞かせが、「ダメ」あるいは「止めなさい」という叱責と同じようなものである場合と、それに従うか従わないかは「あなたの自由ですよ」というメッセージが込められている場合があるわけです。

　もしその言い聞かせが、支援対象者の選択可能性を残さないものだったとすれば、それは指示表現に厳しさや優しさの違いはあるにしても、結局のところ「叱責」と変わりません。要するに、支援対象者に選択性を残さない言い聞かせは、叱責への移行型と言えるようなもので、実は、支援者が対象者のネガティブな行動を押さえようとしていることに他ならないのです。

　ここにも、本当に対象者のニーズに即した支援なのか、「その子のため」と思いながら、実は困っているのは支援者の方ではないか、そんな煩悩が見えてきます。

こだわり

　ここで「こだわり」という事象が登場します。「こだわり」とは、支援対象者が、大した理由はないのに特定の観念なり行動に執着し、それを主張することに多大なエネルギーを使っている状態を指すものです。ここに叱責や言い聞かせが支援対象者にヒットしない要因があるのです。

　私たちは、支援対象者の訴えに納得のいく深い理由があるのなら、その言葉に耳を傾けることができます。しかし、その自己主張の内容に大した理由がなく、あったとしても、「それがどうした」という程度のものであるときには、私たちは支援対象者の訴えに耳を傾ける前に、その訴えによってイライラさせられてしまいます。これが「こだわり」の大きな特徴なのです。

　要するに、相手の訴えに対して決めつけのようなものがあり、そのために支援が堂々巡りをしてしまうのです。

おぐり・まさゆき　岐阜県多治見市出身。法務省の心理学の専門家（法務技官）として各地の矯正施設に勤務。宮川医療少年院長を経て退官。三重県教育委員会発達障がい支援員スーパーバイザー、同四日市市教育委員会スーパーバイザー。（一社）日本LD学会名誉会員。専門は犯罪心理学、思春期から青年期の逸脱行動への対応。主著に『発達障害児の思春期と二次障害予防のシナリオ』『ファンタジーマネジメント』（ぎょうせい）、『思春期・青年期トラブル対応ワークブック』（金剛出版）など。

小栗正幸
特別支援教育ネット代表

例えば、私たちのお相手が「みんなの目が冷たいから教室に入れない」と訴えたとします。すると支援者の方では、「そんなこと言わずに入りなさい」と叱責に近い言葉を投げたり、「そんな子ばかりではないよ」「考えすぎじゃない？」などとアドバイスをすることがあります。

ところが、ここでは「みんなの目が冷たい」という訴えにこだわった対応をしています。支援者の方では、「みんなの目が冷たい」と思っていることに対して、何とかそれを解消してクラスに入らせようと思って、叱責やアドバイスをするわけです。つまり、相手のこだわりに対してこだわっているという状況になっているのです。

そのようなときには、例えば、「そんな困っていることを相談してくれてありがとう」と言ってみます。いわゆる「的外し」というやり方ですが、このことによって、ネガティブな状況をポジティブな方向に変えていくことができ、支援対象者の本当のニーズを掘り起こすことができるかもしれません。

支援と教育は、やり取りの中で行うものです。やり取りのきっかけをつくらなければ、支援は始まりません。その意味で、支援者は自分の中にあるこだわりに気づくことが大事なのです。

戒めと感化

さて、ここで毅然とした指導について改めて考えてみることにしましょう。

例えば、ネガティブな行動をする相手に対して厳罰をもって戒めればよいでしょうか。厳罰は必ずしもネガティブな行動を押さえつけないことは、統計上でも明らかにされています。

さらに言えば、そもそも戒めによって感化が起こるものでしょうか。叱責をされて「たしかに言われてみればそのとおりだ」と思う人は支援が要らない人です。「戒めによって感化の起こる人は、戒めなくても感化が起こる人である」という、昔から言い古された言葉があるにもかかわらず、私たちはどうしても戒めに頼る傾向があります。しかし、支援が必要な子は、戒めに対して「嫌なことを言われた」「自分が攻撃された」と思いがちです。そうすればまたネガティブな行動をとってしまう可能性が高いでしょう。そこでまた戒めに頼れば堂々巡りになってしまいます。そこで、こうした呪縛からお互いを解き放つ工夫が必要になります。

例えば、授業中にどうしてもおしゃべりをしてしまう子には、その子の机にそっと手を添えてみる。すると一瞬、おしゃべりは止まりますが、ここで大事なのは、これをコミュニケーションの始まりとすることです。おしゃべりが止まったら、グッジョブサインを出してみる。このように、あの手この手で、ポジティブなサインを出していくと、対象者の心はほぐされていきます。なにしろ、「嫌なことを言われた」「自分を否定された」と思う場面がないのですから、安心して支援者とコミュニケーションができる状況が生まれてくるわけです。

こうしたことはほんの一例ですが、支援者には、こだわりや決めつけで支援対象者と向き合うのでなく、コミュニケーションによって、困った状況を解決していくような工夫を考えていってほしいものです。

（談）

進行中！子どもと創る新課程 [第6回]

子供と共に創る学習環境づくりにチャレンジ!
教室を学びあふれる空間にするために

●step6
　子供の内面にある学びの記憶を見える化するために、子供と共に学習環境を創り上げることで、友達の作品のよさや成長を認め合い、そこから学ぼうとする学習意欲も高まっていく。

　筆者は、以前から学習環境づくりに興味・関心をもっており、子供の成長が分かる学びの履歴や、作品の効果的な展示等に試行錯誤しながら取り組んできた。また、その取組を積み重ねることに当たっては、子供の実態を的確に把握し、子供のよさを見取る目・心・技を磨いていくことを大切にしながら、子供の日々の頑張りを励ましていくことを基本姿勢とし、子供にとって最適な学習環境づくりを目指すことに努めた。
　今回は、生活科で子供と共に創ってきた学習環境の実際を紹介し、その成果についても触れてみたい。

生活科「四季の変化」（1年）
好奇心を刺激し、活動を誘発する掲示・展示

　子供たちが見付けた春を桜紙に描き、それを模造紙上の桜の木に掲示していく活動からスタートした。自分が描いた物が掲示されることから、子供たちの「もっと春を探したい」「友達に春を紹介したい」という気持ちが高まり、あっという間に桜の花が満開になった。
　春から夏へ、子供たちが見付けた季節の変化を感じた物をいつでも描けるように、材料コーナーに紙で作った桜の葉をおくことにした。子供たちは校庭や自宅周辺、登下校時に見付けた、季節の変化を感じられる物を桜の葉に進んで描き、桜の木に掲示した。
　秋になると、子供から、朝の会や帰りの会で「秋に見付けたものを紹介するコーナーがあるといいね」という提案があり、秋に見付けた物を紹介するコーナーを朝の会に設けることになった。子供たちは、朝の会で、自分が見付けた秋を、葉っぱや木の実を使って紹介するようになった。
　冬になると、春から掲示してきた物を通覧し、多くの子供たちから、「夏にいた虫は、どこにいったの」「秋の葉っぱは、色が変わってきたね」「冬の木は、葉っぱがなくなり、寒そうだから、毛糸でマフラーを作ってかけてあげよう」など、四季の変化に気付く声が聞かれるようになった。

生活科「ほらっ、秋がやってきたよ」（1年）
他教科との関連を図り、時間の流れを体感する掲示・展示

　図工や音楽の学習と関連させながら、子供たちが秋に集めた木の実などを使って製作した物を掲示した。子供たちは、どんぐりを使って、どんぐりコマ回し大会を企画したり、どんぐりの曲を作ったりした。また、葉で動物を作ったり、どんぐりキーホルダーを

写真1　春・夏・秋・冬　見〜つけた！

写真2　木の実や葉で製作した物を掲示

仙台市立荒町小学校教諭
鈴木美佐緒

作ったりすることを通して、自然の草木などを利用して、自分の生活を楽しくする物を作ることができることを実感した。

教室の天井に、子供たち一人一人の制作物を掲示できるように、一人一本

写真3　天井や廊下の空間を利用した掲示

のゴムを張った。子供たちは、校庭の桜の木の葉の色を見ながら、葉っぱの色に合った紙で葉を作り、自分のゴムに掲示した。

子供たちは、葉を作り、掲示していくことを繰り返していくうちに、葉の色が変わってきたことに気付き、季節の変化を感得することができた。

作品物を展示することで、「もっとよい作品を作りたい」「もっと詳しく調べて友達に教えたい」などの思いをもつ子供が増えた。また、廊下や天井に子供たちの作品も掲示し、常に目にすることができるようにしたことで、自分たちの活動を振り返りながら、身に付いた力を確認したり、自分の成長を感じたりする子供も増えた。

生活科「あそびの天才あつまれ！」（2年）
学びの履歴や振り返りの資料となる掲示物

子供たちは、普段から活動写真や振り返りカードなどの掲示物を目にすることにより、「地域には、すてきな人がいっぱいいるね。今頃、何をしているのかな。また会いたいな」「この活動を通して、こんな力が身に付いたね」など、自分の学びを振り返ることができた。ま

た、振り返りを通して、自分や友達の頑張りを認め合うなど、お互いの成長の足跡が分かり、学びの履歴など

写真4　子供たちの活動の様子や振り返り活動を掲示

の掲示物が一人一人の子供のやる気や喜びを喚起し、その後の学びに向かうエネルギーとなっていった。

総合的な学習の時間（3～6年）
学び方が学べる掲示・展示

筆者には、子供たち全員に同じ調べ方やまとめ方をするように指示するのではなく、子供一人一人が得意分野を生かし、調

写真5　自己決定のためのカードを掲示

べ方やまとめ方を自分で選んでほしいという願いがあった。自分の力を生かし、自分の力でやり遂げようとする気持ちの高まりを大切にしたいと考えた。**写真5**のカードは、学習活動をサポートしたり、教師の指導を間接的に補充したりするものである。

教室を学びあふれる空間にするためには、子供の興味・関心を把握し、一人一人の良さが見えるような作品づくりに取り組ませることが大切である。加えて、掲示方法や掲示場所も大切になってくる。

学びの足跡が見える環境を、子供と共に創り上げ、子供たちが身に付いた力をお互いに認め合える学習環境づくりに今後も力を尽くしていきたい。

[第6回]

授業を対話的学びに転換する

東海国語教育を学ぶ会顧問
石井順治

子どもが取り組む学びへの模索

　授業を「主体的・対話的で深い学び」に転換しなければという意識が教師たちの間に急速に広がっています。思い切ってこれまでの殻を破った教師がいるかと思えば、今まさに模索の真っ只中という教師もいます。何かを転換したり新しいものを生みだしたりすることは安易なことではありません。戸惑い、混乱、そして模索はむしろ大切なことです。

　そのようななか、こうした模索を地で行ったような授業づくりに出会いました。小学校３年生国語「すがたをかえる大豆」の授業です。

　この教材は、身近な食材である大豆をどのように食しているかを記述したいわゆる説明文です。説明文の授業というと、説明されている事柄を読み取る授業であったり、要約をさせたり段落相互の関係をとらえさせたりする授業であったりしますが、どちらにしても教師の指示に従って行われてきたきらいがあります。

　それに対して授業者がやろうとしたのは、子どもが取り組み見つけだす学びでした。もちろん、グループになって対話的に取り組むことにしたのです。仲間と学び合えば、どの子どもも意欲的に学びに向かうことができると考えたからでした。

　授業は、この教材で学ぶ第１時において計画されました。上巻の教科書で学んでいる子どもたちは下巻に掲載されているこの教材にまだ出会っていません。その状態を利用したのです。

　授業者が子どもたちに取り組ませようとした課題、それは、段落ごとに文章を印刷した８枚の用紙を文章順ではなくランダムに配り、意味の通る文章に並び替えるというものでした。

　学習指導要領では、第３、４学年において「段落相互の関係をとらえる」こととなっていて、教科書においても「文章全体の組み立てについて考えよう」と手引きに示されています。つまり授業者は、段落の順序を考えることで文章の組み立てについての理解を深められるし、それを子ども自身の探究的学びによって行うことができると考えたのでした。

　私は授業者がやろうとしていることを支援したいと思いました。それにはまず一つの対処が必要だと思いました。それは、子どもたちはこの課題が示されるこの時間になって初めてこの文章に触れることになるからです。つまり子どもたちは、段落相互の関係はおろか、それぞれの段落に書かれていることも読めていない状態なのだからその状態に対する対策を講じなければならないということでした。

　授業者は、段落の頭についている「次に」「また」「さらに」といった接続詞を手がかりに順序を考えることができるのではないかと考えていたようですがそれだけでは書かれている中身が伴いません。

　しかし、この１時間で結論を出そうとせず、急がず丁寧に８つの段落の順序を考えさせれば、それぞれの段落に説明されている内容を読もうとするでしょう。そうすれば、この課題によって、単に文章の順序が理解できるだけではなく、書かれている内容も味わうことができるのではないでしょうか。そうなれば素晴らしいことです。

　とは言っても、そのためのアプローチの仕方は示

● Profile
いしい・じゅんじ　1943年生まれ。三重県内の小学校で主に国語教育の実践に取り組み、「国語教育を学ぶ会」の事務局長、会長を歴任。四日市市内の小中学校の校長を務め2003年退職。その後は各地の学校を訪問し授業の共同研究を行うとともに、「東海国語教育を学ぶ会」顧問を務め、「授業づくり・学校づくりセミナー」の開催に尽力。著書に、『学びの素顔』（世織書房）、『教師の話し方・聴き方』（ぎょうせい）など。新刊『「対話的学び」をつくる　聴き合い学び合う授業』が刊行（2019年7月）。

さなければなりません。グループで取り組むことにしても子どもに任せておけばできるというものではないからです。

その一つの方策として、たとえば、8つのグループそれぞれに、異なる段落の文章に取り組ませるのです。もちろん文章全体のことはわかりません。けれども、段落ごとに書かれている中身はグループになって取り組めばかなり読めてきます。そうすれば、段落ごとの内容が浮き彫りになります。

もちろんこの後グループで読み取ったことを報告し合うことになるのですが、そのとき「意味の通る順序に並べ替える」という課題を強く意識していれば、子どもたちはそれぞれのグループの説明を聴きながら、この説明文の組み立てを、書かれている内容の論理とかかわらせて理解していくことができるでしょう。

これは一つの案でしかありません。しかし私が強調したいのは、課題と課題追究のアプローチを工夫することで、子どもの学びを「主体的・対話的で深い学び」にできるということなのです。

授業終盤の学習活動を変える

学びが深まったかどうかは、授業終盤の子どもたちの状態を見ればわかります。何かを突き詰めた充実感や達成感があれば子どもの表情や仕草に表れるからです。

算数や数学において、その終盤に類似問題とか練習問題を出している授業があります。その時間の学習をさらに定着するためという考えなのでしょうが、ほとんどの場合、ただ問題の数をこなすだけになり子どもの目の輝きは失われています。

子どもを「主体的」にしようとするのなら、そういう授業構成にしないほうがいいです。終盤にこそ子どもの学びが佳境を迎えるようにしたほうがよいのです。授業前半にはどういうことなのかはっきりしなかったことが、対話的学びで一つ二つと気づきが生まれ、教師のかける足場も効を奏して、子どもたちの発見が生まれる、そういう終盤になったほうがよいのです。

それには、授業の組み立てをそのようにしなければなりません。教師が教える授業、わからせる授業でなく、子どもが探究する授業の組み立てはどうあるべきなのか、発想の転換を図らなければなりません。

前号で、学習課題の大切さについて述べましたが、「主体的・対話的学び」の授業構成の中心はその課題です。子どもが自分たちで突き詰めようと向かうことのできる課題がなんとしても必要です。そのうえで、その課題に対する子どもたちの取組を成就させる1単位時間の組み立てを考えなければなりません。前述した説明文の授業事例は、まさにそのための模索だったと言えます。

こうした模索は立派なものでなくてもよいのです。小さな工夫と努力を重ねることが大切です。子どもの学びは、そういう教師のありように比例してよりよくなることでしょう。

スクールリーダーの資料室

●これまでの審議を踏まえた論点整理（案）

令和元年9月4日　新しい時代の初等中等教育の在り方特別部会（第3回）資料1

新しい時代を見据えた教育の将来像の方向性（イメージ）

【育成を目指すべき資質・能力】

◆自立した人間として、主体的に判断し、多様な人々と協働しながら新たな価値を創造する人材の育成（第3期教育振興基本計画「2030年以降の社会像の展望を踏まえた個人の目指すべき姿」）

◆変化を前向きに受け止め、豊かな創造性を備え持続可能な社会の創り手として、予測不可能な未来社会を自立的に生き、社会の形成に参画するための資質・能力を一層確実に育成（新しい時代の初等中等教育の在り方について（諮問））

〈子供の学び〉
多様な子供たちを誰一人取り残すことのない、個別最適化された学びが実現

○ 先端技術の活用などにより、全ての子供たちが基礎的読解力などの基盤的な学力を確実に身に付けることができるとともに、多様な子供たち一人一人の能力、適性等に応じ、子供たちの意欲を高めやりたいことを深められる学びが提供されている。

○ 個々の児童生徒の学習状況を教師が一元的に把握できる中で、それに基づき特別な支援が必要な児童生徒等に対する個別支援が充実されるとともに、特異な資質・能力を有する子供が、その才能を存分に伸ばせる高度な学びの機会にアクセスすることができる。

○ 子供の生活や学びにわたる課題（貧困、虐待等）が早期に発見され、外国人児童生徒等を含めた全ての子供たちが安心して学ぶことができる。

○ 学校と社会とが連携・協働することにより、多様な子供たち一人一人に応じた探求的・協働的な学びを実現するとともに、STEAM教育などの実社会での課題解決に生かしていくための教科横断的な学びが提供されている。

○ 特に高等学校では、普通科をはじめとする各学科において、生徒の学習意欲を喚起し能力を最大限伸ばすことができるよう各学校の特色化・魅力化が実現している。　など

〈子供の学びを支える環境〉
全国津々浦々の学校において質の高い教育活動を実施可能とする環境が整備

○ 多様な経験や職歴を持つ適任者を広く教育界内外から確保するため、教職の魅力向上や養成、採用、免許制度も含めた方策を通じ、バランスのとれた年齢構成と、多様性があり変化にも柔軟に対応できる教師集団が実現されるとともに、教師と多様な専門スタッフとがチームとして運営する学校が実現している。

○ 教師が生涯を通じて学び続け、技術の発達や新たなニーズなど学校教育を取り巻く様々な変化に対応できる環境が整備されている。　など

○ 発達段階に応じ学級担任制と教科担任制が効果的に実施されている。

○ ICTを基盤とした先端技術や教育ビックデータの活用環境が整備されるとともに、統合型校務支援システムの導入などICT化による校務の効率化がなされている。

○ 人口減少が加速する地域においても、自治体間の連携、小学校と中学校との連携、学校や自治体をまたいだ教職員の配置などの多様な工夫を通じて、すべての児童生徒に対し魅力的な教育環境が実現されている。　など

スクールリーダーの資料室

> このような教育を実現していくために、まずは、特に、次の事項についての検討を深めていくことが必要ではないか。

■ICT環境や先端技術を効果的に活用した教育の在り方について（編注：詳細は本誌p.90）

■義務教育9年間を見通した小学校における教科担任制の在り方について（編注：詳細は本誌p.90）

■教育課程の在り方について
（新学習指導要領の円滑な実施、基礎的読解力などの基盤的な学力の定着、高等学校におけるSTEAM教育の推進などについて、教育課程部会で検討）

■教師の在り方について
（これからの教師に求められる資質能力、産業界の協力を含め教育界内外から人材を確保するための教員養成・免許・採用・研修・勤務環境・人事計画等の在り方、質保証を伴う免許制度の弾力化、教員養成を先導するフラッグシップ大学の在り方、教員免許更新制の実質化などについて、教員養成部会で検討）

■高等学校教育の在り方について
（生徒の学習意欲を喚起し能力を最大限伸ばすための普通科改革など学科の在り方、定時制・通信制課程の在り方、地域社会や高等教育機関との協働による教育の在り方などについて、高校WGで検討）

■外国人児童生徒等への教育の在り方について
（指導体制の確保・充実、教員養成・免許・研修の改善などを通じた指導力の向上、就学・進学機会の確保、日本の生活や文化に関する教育、母語の指導、異文化理解や多文化共生の考え方に基づく教育の在り方、関係機関・支援団体・企業との連携などについて、「外国人児童生徒等の教育の充実に関する有識者会議」で検討）

■特別支援教育の在り方について
（特別支援教育を担う教師の専門性の整理と養成の在り方、障害のある子供たちへの指導の充実方策、ICT活用の推進などについて、有識者会議で検討）

ICT環境や先端技術を効果的に活用した教育の在り方について（論点）

- ✓ ICT環境や先端技術（教育ビッグデータの活用を含む）には、学びを変革していく大きな可能性があると考えられるが、特別な支援が必要な児童生徒や外国人児童生徒等も含め、すべての子供の力を最大限に引き出すものとして機能していくためには、どのように推進していくべきか。
- ✓ ICT環境や先端技術を活用できる場面・効果として、①学びにおける時間・距離などの制約を取り払うこと、②個別に最適で効果的な学びや支援、③可視化が難しかった学びの知見の共有やこれまでにない知見の生成、④校務の効率化、が可能になることなどが考えられるが、これらの効果を上げるためにどのような方策が必要か。
- ✓ 従来の習熟度別指導の考え方にとどまらず、個別に最適で効果的な学びや支援について、遠隔・オンライン教育の活用、AI技術を活用したドリル、センシング技術や学習ログの活用など、先端技術を活用する手法や効果、留意点などとして、どのようなものが考えられるか。
- ✓ AI技術を活用したドリルなど先端技術の活用により、学びの質を確保しつつ、知識の定着に係る授業時間を短縮し、STEAM教育をはじめとした課題解決的な学習により多くの時間をかけることができるのではないか。その際、学年を超えた学びを行うことについてどう考えるか。
- ✓ ICT環境や先端技術の活用が進む中、教師の資質・能力として、ICT活用指導力や一人一人の能力・適性等に応じた学びを支援する力が一層求められるのではないか。その際、教師の在り方や果たすべき役割、教員養成・免許・採用・研修・勤務環境・人事計画等はどうあるべきと考えられるか。
- ✓ ICT環境や先端技術の活用状況の差による教育格差が生じないよう、国と地方の連携の下進めるべきであるが、どのような方策が考えられるか。

義務教育9年間を見通した小学校における教科担任制の在り方について（論点）

- ✓ 義務教育9年間を見通した指導体制の整備に向けて、小学校高学年の児童の発達の段階、外国語教育をはじめとした教育内容の専門性の向上なども踏まえると、各学校の実情を踏まえつつ、小学校高学年からの教科担任制の本格的導入を検討すべきではないか。
- ✓ 小学校高学年からの教科担任制の本格的導入に当たり、教員定数、教員養成・免許・採用・研修など、義務標準法や教育職員免許法等の在り方も含めどう考えるか。
- ✓ 小学校の高学年段階で、より専門性を有する教師が直接教えられる仕組みを作る観点から、小学校の教師間の分担の工夫に加え、中学校における教師の在り方や小学校と中学校の行き来の在り方など、小学校間の連携や小中学校の連携はどうあるべきか。
- ✓ 小学校における教科担任制の導入により、教材研究の深化や授業準備の効率化による教科指導の専門性や授業の質の向上、教師の負担軽減が図られ、児童の学力の向上、複数教師による多面的な児童理解による児童の心の安定が図られるとともに、小中学校間の連携による小学校から中学校への円滑な接続などが実現できると考えるが、その効果をより発揮するためには、どのような方策が考えられるか。
- ✓ 以上のほか、基礎的読解力などの基盤的な学力の確実な定着など、教育の効果を高めるための方策として何が考えられるか。

スクールリーダーの資料室

ICT環境や先端技術を効果的に活用した「次世代の学校・教育現場」

- 全国どこでも、質の高い教育活動を可能とする環境整備が不可欠。
- ICT環境や先端技術を効果的に活用することにより、

同じ時間・場所に限られた学び
「手書き」「手作業」が多い校務
紙のみの学び

↓

時間・距離・教材などに制約されない学び
個別に最適で効果的な学びや支援
迅速・便利・効率的な校務
情報の即時共有

が可能に。

デジタル教科書・教材
動画・アニメーション・音声等を活用して興味・関心の喚起につなげるなど、効果的な学習が可能

AI技術を活用したドリル
個々の子供の習熟度や状況に応じた、きめ細やかな指導、自動採点による負担軽減

（学習記録データに基づき、効果的な問題や興味のありそうな学習分野が自動表示）

遠隔・オンライン教育
大学・海外との連携授業、専門家の活用など、学習の幅を広げる

過疎地・離島の子供たちが、多様な考えに触れる機会が充実するなど、教育環境的に向上

入院中の子供と教室をつないだ学びなど、学習機会を確保

協働学習支援ツール
考えをリアルタイムで共有することによる、考えの比較や議論の活性化など、効果的な協働学習

統合型校務支援システム
蓄積した情報による書類作成の負担軽減、情報共有によるきめ細やかな指導

※ 無線LANなどのネットワーク環境の充実により、災害時に緊急避難場所・避難所としての「防災機能」を発揮

学校教育・実践ライブラリ〈Vol.6〉 91

●令和2年度概算要求主要事項（文部科学省初等中等教育局）〈概要抜粋〉

新学習指導要領の円滑な実施と学校における働き方改革のための指導・運営体制の構築

令和2年度要求・要望額
1兆5,197億円
（前年度予算額 1兆5,200億円）

学校における働き方改革や複雑化・困難化する教育課題へ対応するため、教職員定数 **+4,235人** を要求。
学校の指導・運営体制の効果的な強化・充実を図り、新学習指導要領の円滑な実施を実現

- 加配教職員定数の改善　　+85億円（+3,920人）
- 基礎定数化に伴う定数増　+ 7億円（+315人）
- 教職員定数の自然減　　　▲49億円（▲2,249人）
- 教員配置の見直し　　　　▲43億円（▲2,000人）
- 教職員の若返り等による給与減　▲4億円
- 教員給与の見直し　　　　+ 1億円

計 対前年度▲3億円

教員定数の改善(a)	3,920人
基礎定数化に伴う定数増(b)	315人
定数増計(c=a+b)	4,235人
教職員定数の自然減(d)	▲2,249人
教員配置の見直し(e)	▲2,000人
計 減(f=d+e)	▲4,249人
計(g=c+f)	▲14人

学校における働き方改革　　計 +3,820人

加配定数 +3,920人

教員の持ちコマ数軽減による教育の質の向上

◆小学校専科指導の充実　+3,090人
・小学校英語専科指導のための加配定数　+1,000人
　小学校英語教育の早期化・教科化に伴い、一定の英語力を有し、質の高い英語教育を行う専科指導教員を充実
　（※1）専科指導教員の英語力に関する要件①中学校又は高等学校英語の免許状を有する者、②2年以上の外国語指導助手（ＡＬＴ）の経験者、③CEFR* B2相当以上の英語力を有する者、④海外大学、又は青年海外協力隊若しくは在外教育施設等で、2年以上の英語を使用した海外留学・勤務経験のある者
　　　*外国語の学習・教授・評価のためのヨーロッパ共通参照枠
　（注）：②～④は、小学校教諭免許状、又は中学校英語・高等学校英語の免許状のいずれの免許状も有しない者にあっては特別免許状を授与することが必要。
　（※2）より質の高い英語教育を推進するため、教員の新規採用にあたって一定以上の英語力（CEFR B2相当以上等）を有する者を採用した割合を指標として、専科指導のための教員加配の仕組みを構築。

・義務教育9年間を見通した指導体制への支援　+2,090人
　専科指導に積極的に取り組む学校や、子供が切磋琢磨できる学習環境を整備するとともに、小学校高学年における教科担任制に先行的に取り組む複数の学校（「学園」）を支援。
　（※）指導方法工夫改善定数3.3万人について、小学校のティーム・ティーチング6,800人のうち算数での活用が見込まれる4割を除く残りの4,000人については、高学年の体育や理科といった専科指導が行われる教科にも活用されている。この定数については、学校の働き方改革の観点から、専科指導のための加配定数に発展的に見直す。（2年間で段階的に実施）

◆中学校における生徒指導や支援体制の強化　+ 670人
　中学校における学びや生活に関する課題への対応を行うため、生徒指導や支援体制を強化

学校運営体制の強化

◆学校総務・財務業務の軽減のための共同学校事務体制強化（事務職員）　+ 30人
◆主幹教諭の配置充実による学校マネジメント機能強化　+ 30人

給与関係　管理職手当の改善（校長、副校長・教頭の支給率改善）

複雑化・困難化する教育課題への対応　（再掲除く）計 +415人

基礎定数 +315人

教育課題への対応のための基礎定数化関連
（H29.3義務標準法改正による基礎定数化に伴う定数の増減）
+315人

◆発達障害などの障害を持つ児童生徒への通級指導の充実　+426人
◆外国人児童生徒に対する日本語指導教育の充実　+ 79人
◆初任者研修体制の充実　+ 39人
※基礎定数化に伴う定数減等　▲229人

◆いじめ・不登校等の未然防止・早期対応等の強化　（再掲）+670人
◆貧困等に起因する学力課題の解消　+ 50人
◆「チーム学校」の実現に向けた学校の指導体制の基盤整備（養護教諭、栄養教諭等）　+ 20人
◆統合校・小規模校への支援　+ 30人

（参考）被災した児童生徒に対する心のケアや学習支援のため、教職員定数【711人】を別途要求（16億円）【復興特別会計】

小学校英語専科指導のための加配定数

●小学校英語教育の早期化・教科化に伴う授業時数増（小3～6：週1コマ相当）に対応するとともに、一定の英語力を有し、質の高い英語教育を行う専科指導教員を充実
【H30年度 +1,000人　R1年度 +1,000人　R2年度 +1,000人（要求）　合計 +3,000人】

※1　専科指導教員の英語力に関する要件（①中学校又は高等学校英語の免許状を有する者、②2年以上の外国語指導助手（ＡＬＴ）の経験者、③CEFR（外国語の学習・教授・評価のためのヨーロッパ共通参照枠）B2相当以上の英語力を有する者、④海外大学、又は青年海外協力隊若しくは在外教育施設等で、2年以上の英語を使用した海外留学・勤務経験のある者。
　（注）：②～④は、小学校教諭免許状、又は中学校英語・高等学校英語の免許状のいずれの免許状も有しない者にあっては特別免許状を授与することが必要。
※2　より質の高い英語教育を推進するため、教員の新規採用にあたって一定以上の英語力（CEFR B2相当以上等）を有する者を採用した割合を指標として、専科指導のための教員加配の仕組みを構築。

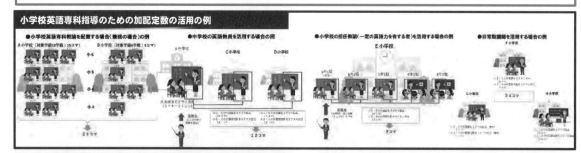

小学校英語専科指導のための加配定数の活用の例

業務の役割分担や授業時数の適正化等

○　5学級以下の小規模校については、学校や教師の業務の役割分担や適正化を実施、また他の加配定数を活用。

○　標準授業時数を上回る授業計画を実施している学校における教師の指導体制等を踏まえた授業時数の適正化。
　※　標準授業時数を上回る授業計画が88単位時間（週当たり2.5コマ）未満の学校の割合：約76%
　※　「平成30年度公立小・中学校等における教育課程の編成・実施状況調査の結果及び平成31年度以降の教育課程の編成・実施について」（H31.3.29通知）において、教育課程の編成・実施に当たっての留意事項（指導体制に見合った授業時数の設定等）を示している。

○　実社会・実生活との関わりを重視した新学習指導要領の趣旨を実現し、地域の教育資源の活用による個々の児童生徒に応じた多様な学習活動の充実を図る観点から、「総合的な学習の時間」の4分の1程度まで、学校外の学習活動を教師の立ち合いや引率を伴わずに実施することが可能。
　※「休業日等における総合的な学習の時間の学校外活動の取扱いについて」（H31.3.29通知）において留意事項等を示している。

なお、総合的な学習の時間の学校外の学習活動を計画実施する際、必要に応じて「補習等のための指導員等派遣事業」（補助率1/3）を活用することで教師の負担軽減を可能とする。
（活用例）①担当教師が指導計画の作成や地域との調整を行う際に授業代替をする非常勤講師を配置、②地域と連携して学習活動を行う際に外部人材を特別非常勤講師として活用

スクールリーダーの資料室

スクールカウンセラー・スクールソーシャルワーカーによる教育相談体制の充実

令和2年度要求・要望額 7,013百万円
(前年度予算額 6,460百万円)

文部科学省

◆ 義務教育段階の不登校児童生徒数は、平成24年度から5年連続で全体の人数・児童生徒千人当たりの人数ともに増加しており、様々な課題を抱える児童生徒への早期支援、不登校状態にある児童生徒への手厚い支援に向けた相談体制の充実が必要。

◆ また、社会問題化している昨今の児童虐待相談対応件数の急増等を踏まえ、学校における児童虐待の未然防止・早期発見や、児童虐待発生時の迅速・的確な対応に向けた相談体制の充実も喫緊の課題。

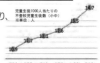

スクールカウンセラー等活用事業
令和2年度要求・要望額:5,064百万円(前年度予算額:4,738百万円)

補助制度
- 補助率:1/3
- 補助対象:都道府県・政令市

求められる能力・資格
- 児童生徒の心理に関して専門的な知識・経験を有する者 (公認心理師、臨床心理士等)
  ⇒児童の心理に関する支援に従事(学校法施行規則)

予算措置済み
- 全公立小中学校に対する配置 (27,500校)

新規・拡充事項

いじめ不登校
- いじめ・不登校対策のための重点配置:500校
  ※不登校特例校や夜間中学への配置を含む
  ※教育支援センター対応分については措置済み(250箇所)

虐待貧困
- 虐待対策のための重点配置 :1,000校
  ※貧困対策のための重点配置については措置済み(1,400校)

質の向上
- スーパーバイザーの配置 :67人

スクールソーシャルワーカー活用事業
令和2年度要求・要望額:1,950百万円(前年度予算額:1,722百万円)

補助制度
- 補助率:1/3
- 補助対象:都道府県・政令市・中核市

求められる能力・資格
- 福祉に関して専門的な知識・経験を有する者 (社会福祉士、精神保健福祉士等)
  ⇒児童の福祉に関する支援に従事(学校法施行規則)

予算措置済み
- 全中学校区に対する配置 (10,000中学校区)

新規・拡充事項
- いじめ・不登校対策のための重点配置:500校
  ※不登校特例校や夜間中学への配置を含む
- 教育支援センターの機能強化 :250箇所
- 虐待対策のための重点配置 :1,000校
  ※貧困対策のための重点配置については措置済み(1,400校)
- スーパーバイザーの配置 :67人(←47人)

補習等のための指導員等派遣事業

令和2年度要求・要望額 74億円
(前年度予算額 55億円)

多彩な人材がサポートスタッフとして学校の教育活動に参画する取組を支援
公立学校の教育活動として実施する次のような取組を行うサポートスタッフ(非常勤)の配置に要する費用の1/3以内を補助

「チーム学校」の理念を踏まえ、教師と多様な人材の連携により、「学校教育活動の充実」と「働き方改革」を実現

学力向上を目的とした学校教育活動支援

事業内容
要求額 36億円 (+6億円)
人 数 9,100人 (+1,400人)

【拡充】児童生徒一人一人にあったきめ細かな対応を実現するため、教師に加えて学校教育活動を支援する人材の配置を支援

(例)
児童生徒の学習サポート
- 補習や発展的な学習への対応
- 外国人児童生徒等の学力向上への取組
- 地域の教育資源を活用した学習活動の支援(総合的な学習の時間、学校外学習)

学校生活適応への支援
- 不登校・中途退学への対応
- いじめへの対応

進路指導・キャリア教育
- キャリア教育支援
- 就職支援

教師の指導力向上等
- 校長経験者による若手教員への授業指導
- 子供の体験活動の実施への支援

想定人材
当該分野に知見のある人材 (退職教職員や教師志望の大学生など)

実施主体 都道府県・指定都市
負担割合 国1/3、都道府県・指定都市2/3

スクール・サポート・スタッフの配置

事業内容
要求額:22億円 (+8億円)
人 数:5,400人 (+1,800人)

【拡充】教師がより児童生徒への指導や教材研究等に注力できる体制を整備するため、教師の負担軽減を図れるよう、学習プリント等の印刷などを教師に代わって行うサポートスタッフの配置を支援

想定人材 地域の人材 (卒業生の保護者など)
実施主体 都道府県・指定都市
負担割合 国1/3 都道府県・指定都市2/3

※各自治体において明確な成果目標を設定し、効果の検証を含めて実施するものに対し、補助を行う。
※会計年度任用職員への移行に伴う「期末手当」を支援

中学校における部活動指導員の配置

事業内容
要求額:15億円 (+5億円)
人 数:12,000人 (+3,000人)

【拡充】適切な練習時間や休養日の設定など部活動の適正化を進めている教育委員会への部活動指導員の配置を支援
【新規】学校区域等の地域人材に加え、より広範囲で人材確保を進められるよう「交通費」を支援

想定人材 指導する部活動に係る専門的な知識・技能を有する人材
実施主体 学校設置者(主に市町村)
負担割合 国1/3、都道府県1/3、市町村1/3 (指定都市:国1/3、指定都市2/3)

※スポーツ庁の運動部活動に係るガイドライン及び文化庁の文化部活動に係るガイドラインを遵守するとともに、教師の負担軽減の状況を適切に把握するなど一定の要件を満たす学校設置者に対して支援を行う。
※支援に際しては、上記ガイドラインを遵守した上で、ガイドラインを上回る休養日の設定を行うなど、学校の働き方改革の取組を推進している学校設置者へ優先的に配分する。

スクール・サポート・スタッフの配置
（補習等のための指導員等派遣事業の一部）

令和2年度要求・要望額 22億円
(前年度予算額　14億円)

背景
教員の勤務時間が長時間化
（教諭の1週間当たりの学内総勤務時間 (持ち帰り時間は含まない)）
- 【小学校】53時間16分(H18) → 57時間29分(H28)
- 【中学校】58時間06分(H18) → 63時間20分(H28)

※平成28年度教員勤務実態調査

→ 教師でなければできない業務に注力できるよう、スクール・サポート・スタッフの配置に要する費用の1/3以内を補助（H30年度～）

事業内容　教師がより児童生徒への指導や教材研究等に注力できる体制を整備するため、教師の負担軽減を図れるよう、学習プリント等の印刷などを教師に代わって行うサポートスタッフの配置を支援

（3,600人 ➡ **5,400人**に拡充）

想定人材　地域の人材（卒業生の保護者など）

用務例
- 学習プリントの印刷
- 家庭への配布文書の印刷・仕分け
- 採点業務の補助
- 来客対応や電話対応
- 学校行事や式典等の準備補助

配置効果
- スクール・サポート・スタッフの配置による教員一人あたりの総勤務時間の変化　週▲1時間28分（前年度比）
- 明らかに教材研究、生徒指導など教員の本務に割くことのできる時間が増えている。
- 印刷等を行っていた放課後の時間を有効活用でき、これまでより早く退校できている。
- 分業することで、教材やプリント作成等に計画的に取り組むようになった。

（平成30年度　文部科学省調べ）

実施主体　都道府県・指定都市
負担割合　国1/3　都道府県・指定都市2/3
補助対象経費　報酬、期末手当、補助金・委託費　等　※会計年度任用職員への移行に伴う「期末手当」を新たに要求

※各自治体において明確な成果目標を設定し、効果の検証を含めて実施するものに対し、補助を行う。

中学校における部活動指導員の配置
（補習等のための指導員等派遣事業の一部）

令和2年度要求・要望額 15億円
(前年度予算額　10億円)

背景
- 中学校における教員の部活動時間の増加
- 「保健体育担当ではなく、かつ、担当している部活動の競技経験がない」教員の割合は、**45.9%**（中学校）

（出典）日本体育協会　学校運動部指導者の実態に関する調査（平成26年7月）

→ 学校教育法施行規則を改正し、部活動指導員を制度化(H29.4.1施行)
部活動指導員の配置に要する費用の1/3以内を補助(H30年度～)

部活動指導員の職務
- 実技指導
- 学校外での活動（大会・練習試合等）への引率
- 安全・障害予防に関する知識・技能の指導　等

事業内容
- 拡充：適切な練習時間や休養日の設定など部活動の適正化を進めている教育委員会への部活動指導員の配置を支援（9,000人 ➡ **12,000人**に拡充）
- 新規：学校区域等の地域人材に加え、より広範囲で人材確保を進められるよう「**交通費**」を支援

想定人材　指導する部活動に係る専門的な知識・技能を有する人材

部活動指導員の属性等
- その他 25%
- 教員OB 23%
- 大学生 3%
- 民間企業退職者 5%
- 非常勤講師等との兼務 18%
- スポーツクラブ等の地域人材 26%

※国の補助金により配置している部活動指導員の配置実績（令和元年6月現在）

配置効果
- 顧問の部活動指導時間の短縮による負担軽減
- 競技経験がない顧問の精神的負担の軽減
- 専門的指導による生徒の技能向上

人材確保の工夫（例）
- 「人材バンク」を設け、域内幅広く人材を確保
- 大学と連携し、大学生の部活動指導員を確保

実施主体　学校設置者（主に市町村）　※公立高等学校等については、地方財政措置にて配置を支援
負担割合　国1/3　都道府県1/3　市町村1/3　（指定都市：国1/3　指定都市2/3）
補助対象経費　報酬、**交通費**、補助金　等　※「交通費」を新たに要求

※スポーツ庁の運動部活動に係るガイドライン及び文化庁の文化部活動に係るガイドラインを遵守するとともに、教師の負担軽減の状況を適切に把握するなど一定の要件を満たす学校設置者に対して支援。
※支援に際しては、上記ガイドラインを遵守した上で、ガイドラインを上回る休養日の設定を行うなど、学校の働き方改革の取組を推進している学校設置者へ優先的に配分。

スクールリーダーの資料室

スクールカウンセラー・スクールソーシャルワーカーによる教育相談体制の充実

令和2年度要求・要望額7,013百万円
(前年度予算額 6,460百万円)

◆ 義務教育段階の不登校児童生徒数は、平成24年度から5年連続で全体の人数・児童生徒千人当たりの人数ともに増加しており、様々な課題を抱える児童生徒への早期支援、不登校状態にある児童生徒への手厚い支援に向けた相談体制の充実が必要。

◆ また、社会問題化している昨今の児童虐待相談対応件数の急増等を踏まえ、学校における児童虐待の未然防止・早期発見や、児童虐待発生時の迅速・的確な対応に向けた相談体制の充実も喫緊の課題。

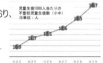

	スクールカウンセラー等活用事業 令和2年度要求・要望額：5,064百万円(前年度予算額：4,738百万円)	スクールソーシャルワーカー活用事業 令和2年度要求・要望額：1,950百万円(前年度予算額：1,722百万円)
補助制度	✓ 補助率：1／3 ✓ 補助対象：都道府県・政令市	✓ 補助率：1／3 ✓ 補助対象：都道府県・政令市・中核市
求められる能力・資格	✓ 児童生徒の心理に関して専門的な知識・経験を有する者（公認心理師、臨床心理士等） ⇒児童の心理に関する支援に従事（学校教育法施行規則）	✓ 福祉に関して専門的な知識・経験を有する者（社会福祉士、精神保健福祉士等） ⇒児童の福祉に関する支援に従事（学校教育法施行規則）
予算措置済み	✓ 全公立小中学校に対する配置（27,500校）	✓ 全中学校区に対する配置（10,000中学校区）
新規・拡充事項 いじめ不登校	➤ **いじめ・不登校対策**のための重点配置：500校 ※不登校特例校や夜間中学への配置を含む ※教育支援センター対応分については措置済み(250箇所)	➤ **いじめ・不登校対策**のための重点配置：500校 ※不登校特例校や夜間中学への配置を含む ➤ **教育支援センター**の機能強化　：250箇所
虐待貧困	➤ **虐待対策**のための重点配置　　　：1,000校 ※貧困対策のための重点配置については措置済み（1,400校）	➤ **虐待対策**のための重点配置　　　：1,000校 ※貧困対策のための重点配置については措置済み（1,400校）
質の向上	➤ **スーパーバイザー**の配置　　　　　：67人	➤ **スーパーバイザー**の配置　　　　　：67人（←47人）

SNS等を活用した相談事業

令和2年度要求・要望額　221百万円
(前年度予算額：210百万円)

<背景>
○ いじめを含め、様々な悩みを抱える児童生徒に対する相談体制の拡充は、相談に係る多様な選択肢を用意し、問題の深刻化を未然に防止する観点から喫緊の課題。
○ また、座間市におけるSNSを利用した高校生3人を含む9人の方が殺害された残忍な事件を受け、ネットを通じて自殺願望を発信する若者が適切な相談相手にアクセスできるよう、これまでの取組の見直しが求められている。
○ スマートフォンの普及等に伴い、最近の若年層の用いるコミュニケーション手段においては、SNSが圧倒的な割合を占めるようになっている。
（参考）
H30年[平日1日]コミュニケーション系メディアの平均利用時間（令和元年度版情報通信白書（総務省））
10代：携帯通話3.1分、固定通話0.0分、ネット通話5.1分、ソーシャルメディア利用71.6分、メール利用13.5分

<事業概要> ①SNS等を活用した相談体制の構築に対する支援
　　　　　　②SNS等を活用した相談体制の在り方に関する調査研究
○事業形態：①補助事業（補助率：定額）　②委託事業
○実施主体：①原則、都道府県・指定都市
　　　　　　※ 但し、指定都市を除く市区町村は、将来的な都道府県等による広域的な相談体制の構築に資すると認められる場合に限る。
　　　　　　②民間団体等
○実施箇所：①30箇所　②2団体
○事業内容：
　・相談対象者：原則、児童生徒
　・相談受付時間：児童生徒が相談しやすい平日午後5時～午後10時までや、長期休業明け前後や日曜日など。
　・実施内容：
　　　　①既に相談体制が立ち上げられている地域において、児童生徒が相談しやすいよう改善を図った相談体制を構築。（既に文部科学省の事業を実施した自治体に限る。）
　　　　②相談体制が立ち上げられていない地域においてSNS等を活用した相談を行いつつ、効果的・効率的な相談受付日や受付時間等、適正規模の相談体制の在り方、相談技法やシステムの確立等の研究を行うとともに、SNS等を活用した相談と電話相談の有機的な連携の仕組みを明らかにする調査研究。

さらに、広く若者一般を対象としたSNSによる相談事業を実施する厚生労働省と、児童生徒を対象とする文部科学省がそれぞれの取組から得た知見を共有するなど連携し、SNS等を活用した相談対応の強化を図る。

「出会い」をつなぐ

島根県松江市立津田小学校長
森脇紀浩

　人の一生は、出会いの連続である。その一つ一つの出会いを、どのように受け止め、生かしていくのかということは、その人の生き方に深くかかわっている。出会いを「出会い」として強く意識させてくれたのが、この尺八である。

　教職に就いて10年が過ぎた30代前半。仕事にも慣れ、少しずつ自信をもち始める一方で、その自信が過信となり、スタンドプレーに走ることもあったころのエピソードである。

　尺八教室を開軒する義父から誘いを受けて、興味本位で尺八に挑戦したことがある。「挑戦した」といっても、1時間もかかってようやく音が少し出せただけのささやかな尺八体験である。吹くだけで簡単に音が出そうだが、考えが甘かった。姿勢はもちろん、尺八の持ち方（指孔への指のあて方）、唇の結び方、唇にあてる尺八（歌口）の角度、吹き込む息の微妙な加減など、様々なことに注意を払わなければ、尺八の音色どころか音らしい音さえも出ないのである。

　格闘したあげく、ようやく尺八の音色が出せたときの感激、そして達成感は格別であった。聞けば、挑戦していた尺八は百万円近くもするものと知り、驚いたことを鮮明に覚えている。と同時に、いくら高価な尺八でも、吹き方が下手ならば、言い方は失礼だが、ただの竹の筒になってしまう。つまり、一方が優れていても、もう一方がそれに釣り合わなければ、うまくいかないのである。

　この体験を通して、尺八の吹き方と、人との接し方は似ていることに気付いた。さらにその気付きは、出会いの尊さへの気付きへとつながっていった。いくら優れた人が身近にいても、下手な接し方をすれば、その接し方程度のものしか得られない。逆に、上手な接し方をすれば、その人の優れたものを引き出すことができる。そしてその優れたものを自分に取り込み、自分の成長に生かすことができるのである。別言すれば、出会いというご縁を自分の成長にどう生かすかは、その人から謙虚に学ぼうとする自分の心次第ということである。謙虚さがあるからこそ多くを学ばせていただき、感謝の心で満たされる。

　その義父は6年前に他界した。あのときのさりげない義父の誘いの真意は、この気付きを導くことにあったように、今、思う。

　とはいえ、仕事や時間に追われ、気付かぬうちに我を出し過ぎて周りの方に迷惑をかけては猛省の繰り返し。そのたびにあの尺八を手に取りながら、今の自分につながってきた出会いの数々を思い起こして感謝し、そしてこれからの自分につながる今の出会いに謙虚に向き合う日々である。

額縁「學如不」

奈良県磯城郡川西町・三宅町
式下中学校組合立式下中学校長
中本克広

　本校校長室壁面に掲げられている「學如不」という額縁について紹介する。

　この作品は、昭和33年度、本校第10回卒業生中川ヨシヱ氏（旧姓梶本）の書蹟である。

　中川ヨシヱ氏は、昭和18年に奈良県磯城郡川西町下永に生まれ、奈良県立桜井高等学校を卒業。嫁ぎ先の大和高田市で書道教室を開くなど、長幼にわたり、書道、俳画等を指導してこられたが、闘病の末、平成16年、家族、親類と多くの塾生に惜しまれながら60余年の生涯を閉じられた。

　中川ヨシヱ氏は、私の義母の妹であり、義母も本校の卒業生として、妹の作品がゆかりのある母校で末永く残されることを願って、当時の15代田中和臣校長先生に依頼にあがったところ、快く受納いただき、今日に至っている。

　さて、字義であるが、出典は、『論語　衛霊公編』の「子曰く、『吾嘗て終日食わず、終夜寝ねず、以て思う。益なし。學ぶに如かざるなり。』と。」（物の道理を知るには、漠然と思索するより、学問して古人の言行を学ぶことが第一である。）から採られたと考えられる。ヨシヱ氏は、いつどのようにして、この言葉と出会い、作品として創作することになり、そこにどんな想いをこめられたのか。今改めて、想像をかきたてられる。

　自ら書道家としての活動に情熱を注ぎ続けたかたわら、自宅脇の教室で、塾生を温かく出迎え、指導してこられたその営みの中には、教室に集う人々や子供たちへの深い愛情があふれていたことであろう。本作品には、「与志恵書」としたためられているが、まさしく、書道文化を通じて、社会に貢献するという志をもって、人々の生活の中に恵みを与えてこられた足跡に改めて敬意を表したい。

　生前、大和高田市旧宅を訪問した際、近くの高田川堤の桜並木を見上げながら、家族ぐるみでお花見をさせていただいたことが昨日のことのように思い出される。人の命は桜の花のようにはかないけれども、創作活動に打ち込んだその瞬間は、作品として永遠に残るということをヨシヱさんから教えられたような気がしている。

　「学びの場」としての学校にふさわしい「命の書」を書き残していただいた御縁に感謝の念を抱きながら、謙虚に学び、一つ一つの活動に心をこめて丁寧に取り組んでいく姿勢を教職員や子供たちとともに受け継いでいきたい。

好評発売中！

次代の学びを創る 学校教育実践情報シリーズ

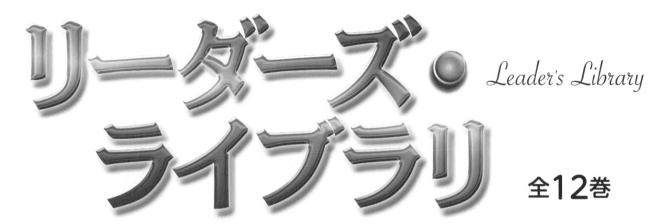

リーダーズ・ライブラリ　Leader's Library　全12巻

A4判、本文100頁（巻頭カラー4頁・本文2色／1色刷り）、横組
ぎょうせい／編
各巻定価（本体1,350円+税）各巻送料215円
セット定価（本体16,200円+税）送料サービス

これからのスクールリーダーを徹底サポート。新課程下の「知りたい」を即解決！

■各巻特集テーマ

2018年

Vol.01（04月配本）**新学習指導要領全面実施までのロードマップ**
　＊to do と実施のポイントで今年度の課題を整理

Vol.02（05月配本）**「社会に開かれた教育課程」のマネジメント**
　＊PDCAで編成・実践する「社会に開かれた教育課程」

Vol.03（06月配本）**Q&A新教育課程を創る管理職の条件**
　＊知っておくべき学校管理職のための知識＆実践課題

Vol.04（07月配本）**スクールリーダーのあり方・生き方**
　＊求められるリーダー像はこれだ！　各界に学ぶリーダー論

Vol.05（08月配本）**若手が育つ学校**～学校の人材開発～
　＊若手の意識を変える！　年齢構成から考える組織マネジメント＆若手速成プラン

Vol.06（09月配本）シリーズ授業を変える1：**今求められる授業の基礎技術**
　＊徹底追究！　いまさら聞けない授業技術（板書、机間指導、指名etc）

Vol.07（10月配本）シリーズ授業を変える2：**「問い」を起点にした授業づくり**
　＊教師の「問い」研究　—「主体的・対話的で深い学び」はこう実現する

Vol.08（11月配本）シリーズ授業を変える3：**子供の学びをみとる評価**
　＊もう迷わない！　新しい学習評価の必須ポイント

Vol.09（12月配本）**子供の危機管理**～いじめ・不登校・虐待・暴力にどう向き合うか～
　＊子供を守れるリーダーに！　次代の危機管理の傾向＆対策

2019年

Vol.10（01月配本）**教師の働き方とメンタル・マネジメント**
　＊管理職の腕次第!?　教師が生きる職場のつくり方

Vol.11（02月配本）**インクルーシブ教育とユニバーサルデザイン**
　＊「合理的配慮」から改めて特別支援教育を考える

Vol.12（03月配本）**新教育課程に向けたチェック＆アクション**
　＊実施直前！　移行期の振り返りと課題の確認で準備万端

毎年3万人以上のお客様にご愛用いただいています！

2020年版 地方公務員ダイアリー

※手帳サイズとカバーのお色味をお選びいただけます。

Standard シリーズ

愛用しているぎょうせいの
"いつものスケジュール手帳"を
使いたいあなたに！

定番のブラックは2つのサイズをご用意！

1 A5判／ブラック
定価（本体1,100円＋税）

2 B5判／ブラック
定価（本体1,250円＋税）

Stylish シリーズ

 数量限定　 NEW　 人気色

オシャレ好きのあなたには
周囲と差がつくシックな色味！

※ブラウンはB5判のみです。

ロゴが英語表記で
オシャレになりました！

3 A5判／ネイビー
定価（本体1,100円＋税）

4 B5判／ネイビー
定価（本体1,250円＋税）

5 B5判／チョコレートブラウン
定価（本体1,250円＋税）

（ロゴ拡大イメージ）

Premium シリーズ

 数量限定　 NEW

手帳からエレガントに
明るいカラーが新登場！

※プレミアムシリーズはA5判のみです。

上品な光沢と色味の新素材
癒しのパールカラー！

6 A5判／シェルピンク
定価（本体1,200円＋税）

7 A5判／ミントグリーン
定価（本体1,200円＋税）

（ロゴ拡大イメージ）

※A5判・B5判ともに、B5判に収録されている付録を、WEB上で閲覧できる購入者特典が付いています。

色味など詳細は
こちらから！

A5判（小）

持ち歩きに便利な
ハンディサイズ

年間スケジュール

月間スケジュール（a）※

週間スケジュール

内容見本
（一部拡大）

==付録==
・法令用語の使い方
・書簡用語例
・業務に役立つExcel関数
・家庭祝儀
・年齢早見表

B5判（大）

たっぷり書ける
ノートサイズ

年間スケジュール

月間スケジュール（b）※

週間スケジュール

内容見本
（一部拡大）

==付録==
・法令用語の使い方
・法令における
　漢字使用等について
・書簡用語例
・地方公共団体のしくみと数
・業務に役立つExcel関数
・家庭祝儀
・年齢早見表 他

※A5判（小）のStylishシリーズ、Premiumシリーズの月間スケジュールは（b）パターンです。

 株式会社 ぎょうせい

フリーコール
TEL：0120-953-431 [平日9～17時]　**FAX：0120-953-495**

〒136-8575 東京都江東区新木場1-18-11
https://shop.gyosei.jp
ぎょうせいオンラインショップ 検索

学校教育・実践ライブラリ　Vol.6
先進事例にみるこれからの授業づくり
～「見方・考え方」を踏まえた単元・指導案～

令和元年10月1日　第1刷発行

編集・発行　　株式会社ぎょうせい

　　　　　　〒136-8575　東京都江東区新木場1-18-11
　　　　　　電話番号　編集　03-6892-6508
　　　　　　　　　　　営業　03-6892-6666
　　　　　　フリーコール　0120-953-431
　　　　　　URL　https://gyosei.jp

〈検印省略〉

印刷　ぎょうせいデジタル株式会社
乱丁・落丁本は、送料小社負担のうえお取り替えいたします。
©2019　Printed in Japan.　禁無断転載・複製

ISBN978-4-324-10615-0（3100541-01-006）〔略号：実践ライブラリ6〕